CRISTALIZAR

GUÍA MODERNA PARA LA
SANACIÓN CON CRISTALES

YULIA VAN DOREN | GOLDIROCKS

FOTOGRAFÍAS DE ANGELA NUNNINK

cincotintas

Contenidos

Introducción

LA MAGIA DE LOS CRISTALES I

8 **Breve repaso**

11 **Tabla de chacras**

LA MAGIA DE LOS CRISTALES II

12 **La conexión del arcoíris**

14 **La forma de los cristales**

18 **Magia cotidiana**

28 **Redes de cristales**

LOS CRISTALES

Agradecimientos 142

Índice de cristales 143

Hola de nuevo, fuente de magia.

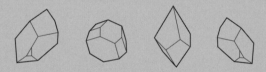

cristalizar: verbo [kris.ta.li.'θar]

definición:

1. adquirir la forma y la estructura del cristal

2. tomar forma clara y precisa

Este libro habla de magia.

No de magia pasiva, sino
de Magia Activa.

Magia cristalizada.

Los cristales surten efectos mágicos. Sus colores dan vida a un arcoíris con tonalidades radiantes y luminiscentes. Sus caras traducen la luz en mil destellos iridiscentes. Sus formas atómicas –nacidas del aliento de la explosión de estrellas y del polvo de antiguas lunas– confieren a la energía el poder de manifestarse y vibrar con su singular transcendencia.

Sin embargo.

No son capaces de caminar. Ni de hablar. Ni de escribir un poema. No pueden enjugar las lágrimas de un rostro. Ni plantar un jardín. Ni cogerte de la mano.

Tú.

Ser humano mágico.

Tu cuerpo físico (un milagro) se mueve por el mundo. Eres capaz de conjurar Magia Activa con cada movimiento de cabeza, con cada palabra de tu boca, con cada brillo de tus ojos.

Los cristales te necesitan para que traslades sus vibraciones multicolores y relucientes a Magia Activa real en el mundo real.

Tú = magia en movimiento.

Tú = cristalizar.

Gracias por acudir.

Te necesitamos para que hagas magia. Más que nunca.

¿Cómo vas a cristalizar tu magia?

INTRODUCCIÓN

¡Hola y bienvenido de nuevo!

¡Los dos últimos años han sido un trajín! Empezamos algo muy especial con este libro, ¿verdad? Muchos de vosotros habéis acogido este libro en vuestros hogares, corazones y consultas. Lo habéis compartido con personas importantes de vuestra vida en todo el mundo –desde amigos y seres queridos hasta clientes y seguidores– y habéis estudiado e integrado su magia, ampliando vuestra conexión con la sanación y el bienestar holísticos. **Estamos creando juntos un nuevo movimiento moderno de sanación con cristales.** Ha resultado emocionante crecer y explorar en esta comunidad, en la cual todos seguimos desplegando nuestras «alas» metafísicas colectivas.

Es un momento especial, amigos. Gracias por acudir y llevar a cabo vuestro trabajo. Vuestros singulares dones de sanación y magia son muy necesarios y de gran importancia.

Dicho lo cual: volvamos al trabajo, ¡pues queda mucha magia para manifestarse!

El presente libro es una continuación de mi obra anterior, *Cristales*. El capítulo **La magia de los cristales I** ofrece un repaso de los aspectos básicos tratados en profundidad en *Cristales*. **La magia de los cristales II** da un paso más y se sumerge en el conocimiento esencial de los cristales, y ofrece nuevos consejos y técnicas de magia y rituales cotidianos. Observarás que esta sección enlaza los dos libros mediante los cristales sugeridos para rituales, porque mi intención es que la sanación con cristales sea siempre accesible y asequible, motivo por el cual mis rituales tienden a incluir cristales «clásicos», muchos de ellos descritos en profundidad en el libro *Cristales*.

El corazón del libro es la parte titulada **Los cristales**, una guía detallada con más de 50 cristales y minerales nuevos. Mientras que *Cristales* se centraba en los cristales más accesibles y populares, el presente libro ofrece un abanico más amplio de variedades, piedras preciosas / semipreciosas y metales algo menos comunes, además de algunos clásicos que no aparecieron en el primer libro por cuestiones de limitación de espacio. ¡Me hace mucha ilusión explorar juntos estas gemas!

Ya lo he dicho, pero lo repito: *Si este libro te ha encontrado es que los cristales te reservan su magia para que tú personalmente la descubras y la experimentes. Confía en tu intuición, en el poder de la magia, y mantén abiertos el corazón y el alma para los regalos que los cristales, por arte de magia, misteriosamente y con toda seguridad traerán a tu vida.* (Ah, por cierto: no es necesario haber leído *Cristales* si éste es el primero que cae en tus manos. Aunque están diseñados para complementarse, cada libro posee su propia magia independiente. **Empieza desde aquí.**)

¡Que tu vida se llene de magia!
Yulia / Goldirocks

LA MAGIA DE LOS CRISTALES I
(breve repaso)

P. ¿QUÉ SON LOS CRISTALES?

R. Aspecto técnico: los cristales son estructuras que se forman cuando la materia orgánica se expone a un acontecimiento geológico, que suele implicar la acción del fuego o el agua. Son singulares en la naturaleza dada su estructura molecular, que se repite con perfección, lo cual les permite transmitir energía (piensa en un microchip informático). **Aspecto mágico:** los cristales son pequeños milagros con energía ilimitada, vibraciones radiantes y magia transformadora.

P. CRISTALES / MINERALES / ROCAS / GEMAS: ¿CUÁL ES LA DIFERENCIA?

R. Los **cristales** son minerales que se presentan en *forma cristalizada visible*, es decir, con facetas y forma geométrica repetitiva. Los **minerales** se forman a partir de *una única composición química*; si hay más de una, entonces se convierten en rocas. Las **rocas** son *granos de múltiples minerales* unidos en un solo material. Las **gemas** son minerales o rocas lo bastante *fuertes* para ser cortadas y pulidas para su uso en joyería. Y para terminar, el término **piedras** se emplea

fuera del ámbito técnico para referirse a fragmentos pequeños cuyos cantos se han pulido mecánicamente y se conocen también como *piedras rodadas* o *pulidas*.

P. ¿CÓMO CURAN LOS CRISTALES?

R. La manera más fácil de entender el poder de los cristales es centrarse en tres elementos principales: **1. Equilibrio vibracional:** los cristales son capaces de movilizar energía –tanto física como metafísica (es decir, más allá de las leyes conocidas de la física)– debido a su estructura molecular específica, que los dota de herramientas singulares para la energía / sanación / magia. **2. Sanación con color:** desde la Antigüedad se reconoce la influencia de los colores en la sanación, y los cristales proporcionan una de las maneras más fáciles de aportar color a los espacios físicos. Son capaces literalmente de levantarte el ánimo y la energía simplemente con sus tonos del arcoíris. **3. Magia de talismán:** cuando eliges un cristal con una intención u objetivo concreto –por ejemplo, el cuarzo rosa para encontrar el amor, o la pirita para fomentar la confianza– transformas ese cristal en tu talismán personalizado. Los cristales funcionan como «compañeros de responsabilidad» que dan empujoncitos conscientes y subconscientes cuando están cerca, y te recuerdan a la persona con quien deseas estar, la energía que deseas conservar y la vida que estás listo para iniciar.

P. ¿QUÉ ES LA «ENERGÍA»?

R. La energía es algo presente en *todo*. Se le han dado diversos nombres a lo largo de los tiempos, desde dios hasta espíritu o intuición y magia. Sigue existiendo misterio alrededor de la energía y la sanación natural –aspectos que la ciencia no ha sido (todavía) capaz de explicar–, pero una cosa es absolutamente cierta: la energía fluye a tu alrededor y a través tuyo en este preciso instante, y así ha sido y será en todo momento de tu vida, desde tu primer aliento hasta el último (y más allá...).

P. SOY NUEVO EN ESTO DE LOS CRISTALES: ¿POR DÓNDE EMPIEZO?

R. Bienvenido a tu nueva aventura centelleante –¡feliz de tenerte aquí!–. En primer lugar, vamos a ver cómo reunir tu caja de herramientas mágicas (es decir, tu colección de cristales). **Colección:** busca las tiendas de artículos metafísicos (*new age*) de tu zona, ya que suelen ser el mejor lugar para conseguir los cristales en persona. Comprarlos por internet es todo un mundo lleno de opciones divertidas –desde Instagram hasta Etsy o eBay y boutiques–, solo asegúrate de comprar a un vendedor que te transmita buenas vibraciones. **Elegir un cristal:** *no le des demasiadas vueltas*. El cristal que capte tu atención o imaginación acostumbra a ser el que posee magia específica para tus necesidades, deseos y sanación singulares. Consejo: prueba a abrir una guía de cristales por una página al azar (este libro u otros) y leer la descripción; es asombroso comprobar lo habitual que es dar exactamente con aquello que precisamente necesitas. Confía siempre en la magia de la intuición, las corazonadas y la serendipia.

P. ¿CÓMO DEBO CUIDAR MIS CRISTALES?

R. La limpieza y carga de los cristales (especialmente al traerlos a casa) es una tarea importante para quien cuida sus cristales. Las opciones más populares para hacerlo incluyen agua, humo, música, luz solar, luz de luna, aliento e intención. Nota: algunos cristales se dañan con el agua, por eso he anotado en la ficha de cada uno si es seguro exponerlo al agua (y nunca uses agua salada, ya que la sal corroe muchas variedades de cristales). Recomiendo empezar sin complicaciones, con mi sencillo ritual de Aliento + Intención. **RITUAL:** sujeta el cristal con tu mano no dominante e imagina que una luz dorada brillante llena tus pulmones. Exhala esa luz sobre el cristal, como si apagaras las velas de un pastel de cumpleaños. Repite varias veces hasta que sientas que se han retirado todas las telarañas de energía. Coloca el cristal en un lugar soleado durante 24 horas para que se cargue durante un ciclo completo de luz solar y lunar (si es sensible a la luz del sol, cárgalo solo con luz lunar). Tu cristal quedará refrescado, cargado y activado. Repite la operación cuando tu intuición te indique que es necesario.

Programar el cristal para que posea una energía particular –o manifieste un deseo particular– puede ser una manera poderosa para que surta efecto una magia verdadera. No obstante, programa un cristal solo si tu intuición te guía claramente a hacerlo; si no, confía en que el cristal ya funciona perfectamente acorde con tus necesidades y sanación. **RITUAL:** sujeta el cristal con ambas manos e imagina que lo rodea una brillante luz dorada. Pronuncia en voz alta para qué deseas programar el cristal: **«Programo este cristal para que** *(traiga el amor a mi vida / me proteja mientras viajo / refuerce mi voluntad para tomar buenas decisiones, etc.)*. **Por el bien más elevado de todos, con amor y con luz.»**

P. ¿CÓMO PUEDO EMPEZAR A USAR CRISTALES EN MI VIDA DIARIA?

R. En primer lugar (y esto es muy importante): *no necesitas conocimientos ni formación especial para empezar a trabajar con cristales*. No hay una manera «correcta» ni «incorrecta» de utilizar los cristales cotidianamente. ¿Te apetece disponer una amatista sobre tu escritorio? ¿Sujetar la esterilla de yoga con angelita? ¿Dormir con un ópalo bajo la almohada? Fantástico. Si quieres hacer algo con tus cristales, hazlo. Tu intuición es tu magia más valiosa: escúchala y confía en ella siempre. Dicho todo esto, he aquí algunas ideas para empezar:

Decora: poner cristales en los espacios que habitas es la manera más fácil de incorporar los cristales a tu vida. Colócalos allí donde te indique tu intuición (consulta el apartado *Magia cotidiana* [p. 18] para encontrar sugerencias por habitaciones).

Medita: relájate con tus cristales para profundizar tu conexión con ellos y obtener tus propias sensaciones cristalinas. Prueba a colocarte un cristal sobre el chacra del corazón (en el centro del pecho) o del tercer ojo (entre las cejas), y túmbate en silencio durante 5 minutos, respirando reposadamente. Presta atención a: sensaciones, cosquilleo y emociones inesperadas = la magia fluye.

Duerme: absorber la energía de los cristales durante el sueño tiene mucho potencial. Coloca los cristales sobre la mesilla de noche o bajo la almohada / colchón / cabecero de la cama para que te sanen y te guíen mientras duermes.

Báñate: añade cristales al agua de la bañera para convertir el baño en un ritual de bendición y cuidado personal. Las piedras pulidas suelen ser las mejores para el baño, y usa siempre cristales que permitan el contacto con el agua.

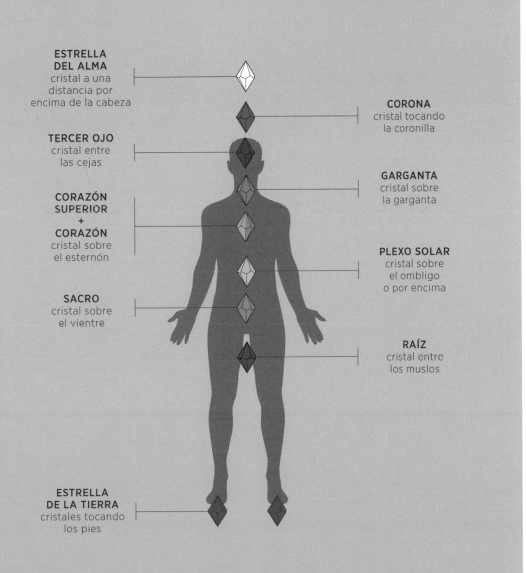

ESTRELLA DEL ALMA
cristal a una distancia por encima de la cabeza

CORONA
cristal tocando la coronilla

TERCER OJO
cristal entre las cejas

GARGANTA
cristal sobre la garganta

CORAZÓN SUPERIOR
+
CORAZÓN
cristal sobre el esternón

PLEXO SOLAR
cristal sobre el ombligo o por encima

SACRO
cristal sobre el vientre

RAÍZ
cristal entre los muslos

ESTRELLA DE LA TIERRA
cristales tocando los pies

LA CONEXIÓN DEL ARCOÍRIS:
cristales + colores

El color es uno de los fundamentos básicos de la salud y bienestar naturales (piensa en la diferencia de sensaciones que notas cuando te hallas en un espacio colorido o totalmente blanco, por ejemplo), y los colores de los cristales ofrecen una de las maneras más fáciles de empezar a desplegar su magia sanadora.

¿Te interesa conectar con un cristal que no aparece en este libro? Muy fácil:

1. En función del color de tu cristal, remítete a las páginas donde se detallan las cualidades curativas que se atribuyen tradicionalmente y los chacras que se asocian a dicho color.

2. Pon el cristal en el punto que corresponde al chacra (véase la guía visual de la p. 11). Respira suave y profundamente. Imagina que el cristal brilla desde el interior y transmite a tu cuerpo su color. Si lo deseas, repite uno de los mantras al inicio y el final de tu meditación, o bien de forma continuada a lo largo de toda la meditación. Permanece ahí, en reposo y sanando, hasta que de forma natural te sientas listo para continuar. *¡Magia en colores del arcoíris!*

NEGRO / GRIS (raíz) Protección. Enraizamiento. Estabilidad. Desintoxicación. Trabajo con sombras. Claridad. Fuerza. Nuevos comienzos. Liberación de pena.
Mantra: Estoy seguro y protegido

MARRÓN (raíz, sacro, plexo solar) Estabilidad. Enraizamiento. Equilibrio. Crecimiento lento y seguro. Adaptabilidad. Naturaleza + ciclos naturales.
Mantra: Estoy nutrido y arraigado

ROJO (raíz, sacro) Pasión. Energía. Asertividad. Defensa de uno mismo. Valor. Fuerza. Enraizamiento. Salud física. Fertilidad. Sexualidad. Liberación de dolor, trauma, pena.
Mantra: Confío en el universo / Soy fuerte

NARANJA (sacro, plexo solar) Manifestación. Fuego creativo. Colaboración. Energía. Resistencia. Autoestima. Salud. Abundancia. Fertilidad. Sexualidad. Valor. Liberación de trauma sexual.
Mantra: Me manifiesto con abundancia y facilidad / Soy un centro de creatividad

AMARILLO / DORADO (plexo solar) Confianza. Propósito. Creatividad. Abundancia. Centro de atención. Espíritu emprendedor. Ambición. Concentración. Felicidad. Optimismo. Alegría.
Mantra: Confío en mi instinto / Brillo y resplandezco

ROSA (corazón) Amor. Compasión. Amistad. Confort. Amabilidad. Sanación del corazón. Divinidad femenina. Sororidad. Maternidad. Calma. Paz.
Mantra: Soy amor

VERDE (corazón) Sanación del corazón. Naturaleza. Conexión con la Madre Tierra. Magia de cuentos de hadas. Bienestar. Fertilidad. Suerte. Abundancia. Amistad. Crecimiento. Reequilibro. Conexión cuerpo + mente.
Mantra: Soy abundante / Estoy sano

AZUL (garganta, tercer ojo) Autoexpresión. Decir tu verdad. Conexión con los ángeles + Intuición. Perdón. Paciencia. Serenidad. Frescor. Calma. Magia de agua + aire.
Mantra: Fluyo con mi verdad en el mundo / Confío en mi intuición

VIOLETA (corona) Crecimiento espiritual. Conexión con el Yo Superior. Servicio espiritual. Liderazgo. Intuición psíquica. Individualidad. Bailar a tu propio son. Mensajes en sueños. Remedio para el insomnio. Liberación de adicciones + ansiedades.
Mantra: Me guía la divinidad / Soy facilitador de luz

TRANSPARENTE / BLANCO / PLATA (tercer ojo, corona) Limpieza de energía. Desintoxicación. Protección. Reino angélico. Magia lunar. Suerte. Intuición. Equilibrio. Neutralización. Claridad. Transformación.
Mantra: Soy un canal de claridad / Las cosas buenas fluyen hacia mí y a través de mí

ARCOÍRIS (todos) Alegría. Juego. Curiosidad. Abundancia. Creatividad. Autoexpresión. Confianza. Diversión.
Mantra: Soy un hijo del universo

LA FORMA DE LOS CRISTALES

La forma de un cristal influye en la manera en que fluye su magia. Desde las creadas por la naturaleza, como agregados y geodas, hasta las creadas por el hombre, como las ovaladas o piramidales, cada forma posee un poder singular y puede ayudar a alcanzar diversos aspectos de sanación y magia. He aquí las más clásicas.

1. PUNTA NATURAL *(una punta con caras formada de modo natural)* Como una varita mágica, los cristales en punta mueven y concentran la energía. Trae energía hacia ti o dirígela hacia fuera cambiando la dirección de la punta. Perfecta para concentrarse en intenciones, sanaciones y deseos específicos.

2. AGREGADO *(un grupo de puntas naturales)* Estos clústeres irradian su energía hacia fuera en todas direcciones (¡como una bola de discoteca!), influyendo en todos los espacios, energías y auras de alrededor.

3. GEODA *(una roca hueca tapizada con cristales)* Las geodas nos recuerdan que la verdadera magia reside en el *interior*, alejada de la superficie. La verdadera sanación requiere profundizar. Adéntrate.

4. ESFERA *(bola)* Los cristales redondos emiten energía en todas direcciones con un flujo equilibrado y ecualizado. Sujetar u observar una esfera puede aportar calma, equilibrio y arraigo.

5. CUBO *(cuadrado/rectangular)* Los cristales cúbicos, tanto naturales como moldeados, favorecen el arraigo y la estabilización. Son perfectos para ver los problemas desde una nueva perspectiva y pensar desde un punto de vista distinto.

6. OVALADO *(piedras planas y lisas)* Estas piedras son populares para la sanación a través del contacto con cristales, ya que su forma facilita su colocación sobre el cuerpo. Fomentan el arraigo, y sujetarlas aporta calma.

7. RODADO *(piedras pequeñas pulidas)* Son asequibles y transportables, los caballos de batalla del mundo de los cristales. Es fácil meterlas en cualquier lugar, como el sujetador, el bolsillo, el bolso, el coche, el baño o la cama, para tener siempre cerca su magia.

13

14

17

12

11

9 + 10

15

8

16

8. PIRÁMIDE *(cuatro caras triangulares iguales)* La antigua forma piramidal sagrada conecta el cielo y la tierra. Reúne y canaliza la energía a través de la punta, y es una potente herramienta de manifestación / sanación.

9. BITERMINADO *(cristal con puntas en ambos extremos, natural o moldeado)* Estos cristales reciben y emiten energía de manera simultánea gracias a sus dos puntas opuestas. Muy potentes para movilizar energías encalladas.

10. GENERADOR *(cristal con seis caras que se unen en un punto)* Los generadores amplifican la energía. Ideales como piezas centrales en redes de cristales para manifestar intenciones. Los generadores pulidos son más comunes que los naturales.

11. FANTASMA *(cristal de cuarzo con un punto interior sombreado)* Ayudan a mantener la perspectiva ante las situaciones. Nos recuerdan que honremos la sabiduría y las lecciones que contiene nuestra propia historia, tanto de esta vida como de vidas pasadas.

12. GEMELOS *(dos cristales unidos por una cara)* Son mágicos para trabajar temas de relaciones, además de mostrar almas gemelas (tanto románticas como platónicas).

13. AUTOSANADO *(cristal de cuarzo con bultitos / escamas en un extremo)* Son cristales que empezaron a crecer tras una ruptura. Nos recuerdan nuestra resistencia y nos ayudan a sanarnos del dolor, traumas, y desengaños amorosos.

14. ELESTIAL *(cristal de cuarzo con terminaciones aleatorias múltiples)* Son cristales poco habituales que pueden ayudar a trabajar experiencias de vidas pasadas, además de eliminar bloqueos relacionados con el cambio.

15. ARCHIVADOR *(cristal con marcas triangulares)* Sabiduría espiritual ancestral. Coloca un triángulo sobre el tercer ojo (entre las cejas) para empezar a descargar conocimientos esotéricos y aumentar tu energía.

16. ABUNDANCIA *(una punta larga rodeada de muchas puntas pequeñas)* Agregados de abundancia = ¡manifiestan abundancia!

17. CRUDO *(inalterado)* Los cristales crudos son un susurro de magia orgánica. Nos recuerdan que la naturaleza no comete errores, y que todo es bello en su forma singular –como, por ejemplo, TÚ.

MAGIA COTIDIANA:
cristaliza tu vida

Los cristales pueden aportar magia a cada aspecto de tu vida diaria, desde objetos decorativos que sanan hasta animadores en el trabajo o acompañantes que te dan bienestar cuando vas de un lado a otro. Diviértete experimentando con los siguientes rituales y consejos –como siempre, pretenden ser un punto de partida para tu propia intuición e imaginación.

Nota: Este capítulo hace referencia a los cristales que salen en este libro y en Cristales *(libro 1):*

Hogar / Trabajo / Regalos = Solo cristales de este libro

Zen / Mascotas / Festividades / Piedras de nacimiento / Redes de cristales = Cristales de ambos libros

CRISTALES + HOGAR

Una de las mejores maneras (¡y más sencillas!) de empezar a cristalizar tu vida consiste en disponer intencionadamente algunos cristales en tu hogar. Tejerán una red energética alrededor de la casa, apoyándote a ti y a los tuyos 24 horas al día, y manteniendo la energía de tu hogar fresca y reluciente. Ponlos en cualquier lugar –si no sabes bien por dónde empezar, simplemente pon un cristal en cualquier parte donde colocarías una vela o una planta (pero ten en cuenta que algunos cristales palidecen si les da la luz directa del sol)–. Para que la energía de todas las habitaciones brille, estos son mis lugares preferidos para disponer los cristales que salen en este libro.

DORMITORIO (para un descanso tranquilo + sueños sabios)
Aguamarina, amatista de Brandberg, amatista de Veracruz, angelita, azabache, cuarzo de Hérkimer, cuarzo de litio, cuarzo lemuriano, cuarzo tibetano, escolecita, estilbita, iolita, kunzita, larimar, lodolita, magnesita, manganocalcita, morganita, ópalo, perla, plata, rodocrosita, zafiro
Consejo: dispón los cristales en la mesilla de noche o métetelos debajo de la almohada, colchón o cabecero de la cama para que te guíen y te sanen mientras duermes

HABITACIÓN INFANTIL (para protección angelical + calma)
Angelita, cuarzo de Hérkimer, cuarzo de litio, escolecita, estilbita, kunzita, larimar, magnesita, manganocalcita, morganita, perla, plata, unakita
Consejo: pon angelita o manganocalcita debajo de la cama para favorecer un sueño tranquilo

COCINA (para decisiones sanas + fuerza de voluntad)
Aventurina, crisoprasa, fucsita con rubí, peridoto, piedra sol, serpentina, unakita, vanadinita
Consejo: pon los cristales en el frigorífico o armarios de cocina para aportar vibraciones sanas a los alimentos

SALÓN + COMEDOR (para comunicación + relajación)
Aguamarina, amatista de Brandberg, amatista de Veracruz, cuarzo de Hérkimer, cuarzo lemuriano, cuarzo tibetano, estilbita
Consejo: estos cristales colocados en salas de estar funcionan como objetos decorativos y potentes limpiadores del espacio

BAÑO (para cuidado personal + salud)
Aguamarina, crisoprasa, cuarzo de litio, fucsita con rubí, larimar, morganita, serpentina, unakita
Consejo: añade cualquiera de estos cristales al agua de tu baño para una infusión de cuerpo entero

CRISTALES + TRABAJO

Como diminutos consejeros cósmicos, los cristales te animarán, te inspirarán para ampliar tus objetivos y te ayudarán a mantenerte en el buen camino para conseguirlos. Cualquier combinación de estos cristales mejorará tu jornada laboral:

Concentración + productividad
Azabache, cuarzo turmalinado, galena, ónice, piedra sol, prehnita, vanadinita

Comunicación
Aguamarina, cianita con rubí, larimar, sodalita

Creatividad + inspiración
Amatista de Brandberg, amatista de Veracruz, cuarzo de Hérkimer, cuarzo lemuriano, moldavita, ópalo, topacio, zafiro

Abundancia
Aventurina, calcopirita, cobre, crisoprasa, rubí, turmalina verde y rosa

CRISTALES + ZEN

Crea una vibración sanadora en tu espacio de terapia: estudio de yoga, sala de tratamientos, balneario, rincón de bienestar, sala de meditación, etc. Mantén el flujo de energías limpias y mima a tus clientes (¡y a ti mismo!) con el apoyo de los cristales para la purificación de la energía, enraizamiento, bienestar y rejuvenecimiento. Estos son mis cristales favoritos para los espacios de salud:

Amatista (todas), apofilita, calcita celestina, cianita azul, citrina, cuarzo ahumado, cuarzo cactus, cuarzo de Hérkimer, cuarzo lemuriano, cuarzo rosa, cuarzo sanador dorado, cuarzo tibetano, cuarzo transparente, cuarzo turmalinado, estilbita, halita, manganocalcita, pirita, rosa del desierto, selenita, turmalina negra

Consejo: el tamaño suele ser importante cuando se trata de cristales para espacios dedicados a la salud, ya que deben procesar una gran cantidad de energía –en general, cuanto más grandes, mejor–. Cerciórate de limpiarlos regularmente.

CRISTALES + MASCOTAS

¡A tus mascotas también les encantan los cristales! Los animales son muy sensibles a la energía, y por lo general responden muy bien a la sanación con cristales. Algunas sugerencias para aportar un poco de magia con cristales a la vida de tu mejor amigo:

SUEÑO
Colocar los cristales cerca de la zona donde duerme tu mascota es una manera fácil de exponerla a la energía de los mismos. Si duerme contigo, mete cristales debajo del lado del colchón donde duerma; si tu mascota tiene un sitio preferido en el sofá, mete cristales debajo del cojín; si duerme en una camita para mascotas, pon los cristales sobre la superficie más cercana que quede fuera de su alcance (una mesa, alféizar, estante) o debajo de su camita (pero asegúrate de que no haya posibilidad de que ingiera las piedras). Presta atención: si tu mascota parece evitar la zona, retira o sustituye los cristales.

SANACIÓN DE CHACRAS
Sana a tu mascota colocando los cristales sobre su cuerpo. A algunos animales les gusta que les pongan cristales encima (como el divertido Bo, de la foto de arriba). Si tu mascota se presta a ello, pon los cristales cuidadosamente sobre sus chacras, y vigila con atención para que no se los coma. Un método alternativo (más seguro) consiste en sujetar un cristal en la mano y describir círculos en el sentido de las agujas del reloj sobre el chacra del animal. Observa las señales de tu mascota para saber cuándo se ha completado la sanación de cada chacra.

BEBIDA
Dale a tu mascota un capricho adicional preparándole un elixir sanador personalizado. Los elixires bebibles aportan energías concretas a un líquido y pueden ingerirse para una sanación potente desde el interior. Pon uno o más cristales en una jarra, llénala de agua y déjala a la luz del sol o la luna durante al menos 12 horas para que hagan infusión y carguen el agua. Vierte el elixir en el bebedero de tu mascota con cariño e intención. El agua infusionada no caduca, de modo que puedes tener varias preparaciones e ir rotando según convenga.

Recetas:
Bienestar: citrina, cornalina, cuarzo rosa
Aliviar ansiedad: amatista, cuarzo ahumado
Amor: cuarzo rosa, cuarzo transparente

Nota: es importantísimo utilizar piedras no tóxicas para los elixires bebibles, de modo que es esencial investigar antes de experimentar. Las mascotas no deben tomar agua refrigerada.

CRISTALES + FESTIVIDADES

Los días festivos ofrecen la ocasión ideal para conectar con la energía de los cristales, ya que son días que se distinguen del ajetreo de la vida cotidiana y se dedican a aspectos concretos, como el amor, la celebración, la gratitud, la devoción o el recuerdo. Interactuar intencionadamente con los cristales cuyas vibraciones se corresponden con la energía de una festividad ayuda a integrar más profundamente las energías asociadas a aquel día, además de alinearse con las vibraciones del mundo natural y el cambio de las estaciones. Se pueden incorporar cristales en los días de fiesta de múltiples maneras bien sencillas. Algunas ideas: usa los cristales a modo de joyas; llévalos en el sujetador, bolsillo, cartera, bolso; añádelos al agua del baño; medita mientras sostienes uno en la mano o colocado sobre un chacra concreto; ponlos en la mesilla de noche o bajo la almohada; úsalos como pieza central de la red de cristales *Brilla como un diamante* (p. 38).

Las festividades también son oportunidades especiales para regalar a tus seres queridos (¡o a ti!) un cristal que será un potentísimo talismán, cargado con el espíritu del festivo en que se ofrezca.

DÍA DE SAN VALENTÍN *Ámate.* Dedica este día especial a quererte y cuidarte. Mima tu corazón con estos cristales: calcedonia, cobaltocalcita, cuarzo de litio, cuarzo rosa, cuarzo tibetano, danburita, estilbita, kunzita, lepidolita, manganocalcita, morganita, ópalo rosa, rodocrosita, rodonita.

EQUINOCCIO DE PRIMAVERA (21/22 de marzo) *Un salto a la vida.* El equinoccio de primavera es un momento de nuevos comienzos, abundancia, fertilidad y renovación. Revitalízate y renueva tu energía con cristales que fomentan la vitalidad: aventurina, cornalina, crisoprasa, cuarzo hematoide, cuarzo mandarina, esmeralda, fucsita, granate, peridoto, serpentina.

DÍA DE LA MADRE *La diosa te protege.* Conecta con la energías de divinidad femenina para mimarte en tu día especial, mamá. Obtén apoyo divino con: angelita, crisocola, cuarzo tibetano, danburita, kunzita, lepidolita, manganocalcita, morganita, perla, piedra luna, plata, rodocrosita, unakita.

SOLSTICIO DE VERANO (21/22 de junio) *¡Hola, sol!* Hazte con la poderosa energía del día más largo del año con cristales llenos de luz: ámbar, azufre, calcopirita, citrina, cobre, cornalina, cuarzo rutilado, cuarzo sanador dorado, oro, piedra sol, pirita.

EQUINOCCIO DE OTOÑO (21/22 de septiembre) *Abraza tu lado oscuro.* Conecta con tu parte de sombra (la que te cuesta más ver) en un día que marca el punto medio entre la luz y la oscuridad. Encuentra el oro en el lado más sombrío de tu alma con estos cristales: ágata, amatista, aragonito, cuarzo ahumado, cuarzo turmalinado, labradorita, ojo de tigre.

SAMHAIN / DÍA DE TODOS LOS SANTOS

Más allá del velo. Los velos entre mundos son más finos este día místico. Rinde homenaje a los seres queridos que han traspasado y conecta con la sabiduría de los antepasados con cristales que conectan con el mundo espiritual: epidota, labradorita, lágrima apache, lodolita, obsidiana, ópalo blanco.

DÍA DE ACCIÓN DE GRACIAS *Practica la gratitud.* Profesa agradecimiento a la Madre Tierra, generosa proveedora de toda la vida, con cristales de conexión con la naturaleza: ámbar, aventurina, crisoprasa, epidota, fucsita, fucsita con rubí, larimar, piedra sangre, serpentina, turquesa, unakita.

YULE (solsticio de invierno, 21/22 de diciembre) *Todo claro como un cristal.* El día más corto y oscuro del año ofrece espacio para el descanso profundo y la introspección consciente (también es el momento ideal para usar los cristales con mayor intención; reserva un rato para organizar tu colección). Encuentra silencio y claridad con la ayuda de: apofilita, azabache, azurita, calcita óptica, cuarzo ahumado, cuarzo transparente, escolecita, estilbita, iolita, labradorita, magnesita, selenita, zafiro.

FIESTAS DE INVIERNO

Primera parte: *Devoción.* Las fiestas de invierno (Navidad, Janucá, etc.) comparten el enfoque de gratitud y celebración de las bendiciones divinas. Conecta con el espíritu de la gratitud devocional con cristales angelicales: amatista de Veracruz, angelita, calcita, celestina, cuarzo de Hérkimer, cuarzo rutilado, cuarzo sanador dorado, cuarzo tibetano, kunzita, ópalo blanco.

Segunda parte: *Arraigo.* Pasar tiempo con la familia durante las vacaciones puede ser maravilloso pero complicado. Para ayudarte a mantenerte centrado y librarte de expectativas y frustraciones, lleva encima uno o más de estos cristales mientras interactúes o viajes para compartir las vacaciones con tu familia: amatista, cuarzo ahumado, cuarzo hematoide, epidota, escolecita, hematites, jaspe, obsidiana, ónice, piedra sangre, rubí, serpentina, turmalina negra, zoisita.

AÑO NUEVO *Nuevo año = Nuevo tú.* Libera energías viejas y caducadas que te frenen y empieza el año con inspiración y energía frescas. Los cristales para limpieza, claridad y visión son: aguamarina, amatista, amatista de Brandberg, apatito azul, apofilita, calcita, cianita azul, cuarzo ahumado, cuarzo de Hérkimer, cuarzo lemuriano, cuarzo transparente, espato de Islandia, halita, lodolita, moldavita, selenita, shungita, topacio, zafiro.

ANIVERSARIO DE PAREJA *Cosa de dos.* Honra y fortalece el compromiso con cristales para la honestidad, comunicación y visión: amazonita, azurita, cianita con rubí, cuarzo rosa, granate, iolita, jaspe, labradorita, lapislázuli, lodolita, malaquita, topacio.

(Nota: si te encuentras en el hemisferio sur, cambia las fechas de los equinoccios y solsticios. Equinoccio de primavera = septiembre; equinoccio de otoño = marzo; solsticio de verano = diciembre; solsticio de invierno = junio.)

CRISTALES + REGALOS

Aunque es posible que mi opinión esté *un poco* sesgada, realmente pienso que los cristales son uno de los mejores regalos para dar o recibir: ¡son obsequios imperecederos! He aquí mis ocasiones favoritas para regalar cristales que se describen en este libro.

CUMPLEAÑOS
Aguamarina, amatista de Brandberg, amatista de Veracruz, calcopirita, crisoprasa, cuarzo de Hérkimer, cuarzo dorado, cuarzo lemuriano, cuarzo tibetano, cuarzo turmalinado, kunzita, lodolita, morganita, ópalo, perla, piedra sol, topacio, turmalina

ENHORABUENA
Aventurina, calcopirita, cobre, piedra sol, oro, turmalina verde y rosa

GRADUACIÓN
Aventurina, crisoprasa, cuarzo turmalinado, iolita,

peridoto, piedra sol, rubí, serpentina, zafiro

NUEVO EMPLEO
Aventurina, azabache, cobre, crisoprasa, galena, piedra sol, prehnita, vanadinita

DESPEDIDA DE SOLTERO/A
Amatista de Veracruz, cuarzo tibetano, estilbita, kunzita, larimar, morganita, rodocrosita

BODA
Amatista de Veracruz, cianita con rubí, cuarzo de Hérkimer, cuarzo dorado, cuarzo tibetano, cuarzo

turmalinado, estilbita, rubí, sodalita, topacio

NUEVO HOGAR
Aventurina, cobre, crisoprasa, epidota, estilbita, fucsita con rubí, serpentina

FIESTA DE BEBÉ
Angelita, cuarzo tibetano, estilbita, manganocalcita, morganita, plata

NUEVOS PADRES
Cuarzo hematoide, cuarzo de litio, escolecita, kunzita, larimar, morganita, ónice, perla, rodocrosita

CONVALECENCIA
Angelita, cobre, cuarzo dorado, cuarzo hematoide,

fucsita con rubí, manganocalcita, serpentina, unakita

DESENGAÑO AMOROSO
Cuarzo de litio, escolecita, kunzita, magnesita, manganocalcita, morganita, rodocrosita, turmalina verde y rosa, unakita

LUTO
Angelita, amatista de Brandberg, cuarzo de litio, cuarzo turmalinado, escolecita, estilbita, magnesita, manganocalcita, ónice

CRISTALES + PIEDRAS NATALES:
como anillo al dedo

Piedras natales = gemas que armonizan con los meses del calendario o los signos zodiacales para ayudar a equilibrar, potenciar y reforzar energías específicas. Nuestros cuerpos físicos están literalmente hechos de polvo de estrellas (¡minerales!), ¿por qué no vamos a ser sensibles a los movimientos de estrellas y planetas? Las piedras preciosas han sido emparejadas con la astrología en diversas culturas durante miles de años. Las listas actuales de piedras de nacimiento se basan en una amplia variedad de fuentes, incluidas las piedras finas mencionadas en la Biblia hebrea, los textos sagrados védicos de la India y los tratados de la Grecia antigua.

En 1912, un consorcio de joyeros elaboró una lista con las piedras de nacimiento «modernas», con la intención de unificar las piedras históricas con los descubrimientos modernos. Estas son las queridas piedras clásicas desde hace cien años, y son un punto de partida ideal si te interesa conectar con los cristales asociados con tu fecha de nacimiento.

PIEDRAS NATALES MODERNAS

ENERO	JULIO
granate	rubí / cornalina
FEBRERO	**AGOSTO**
amatista	peridoto / espinela / sardónice
MARZO	**SEPTIEMBRE**
aguamarina / piedra sangre	zafiro / lapislázuli
ABRIL	**OCTUBRE**
diamante / cuarzo transparente	ópalo / turmalina verde y rosa
MAYO	**NOVIEMBRE**
esmeralda / crisoprasa	topacio / citrina
JUNIO	**DICIEMBRE**
perla / piedra luna / alejandrita	turquesa / tanzanita / circón

REDES DE CRISTALES:
simetría + intención = magia

Las redes o rejillas con cristales consisten en la práctica
de disponer cristales formando un patrón intencionado.
Básicamente, se trata de combinar dos elementos principales:
simetría + intención. La simetría crea un flujo de energía
equilibrado y homogéneo (esencial para que algo se manifieste).
Añadir una intención concreta otorga vida a la red, al dotarla de
propósito y dirección. Las redes de cristales se pueden crear para
una variedad infinita de propósitos; si eres capaz de imaginar algo,
puedes crear una red para favorecer que se manifieste.

Las siguientes redes cubren propósitos fundamentales: Amor, Protección, Manifestación, Salud + Confianza, y Limpieza + Liberación de energía. De forma intencionada, mis rituales con redes son simples, porque, según mi experiencia, cuanto más complicada es una práctica, menos probable es que la utilice (¿te pasa lo mismo?). Para mí, la simplicidad = acción. ¡Y la *acción* es donde reside la magia!

Dónde formar la red: solo hace falta una superficie plana, en un lugar sin molestias de otras personas o de nuestros amigos de cuatro patas durante el tiempo que esté montada la red. Las redes del presente libro no requieren plantillas, si bien las rejillas con formas geométricas sagradas son muy populares *(geometría sagrada = formas matemáticamente precisas que son las piezas que construyen nuestro universo).* Puedes experimentar con patrones de redes ya elaborados o crear patrones siguiendo tu intuición. Pinterest e Instagram son buenas fuentes de inspiración: busca con la etiqueta #crystalgrid para empezar. Si no dispones de un espacio dedicado al altar, son lugares perfectos la mesilla de noche, la cómoda, un rincón del escritorio o un estante de la librería (para más privacidad, sirve el interior de un armario, de una caja o un cajón). Consejo: ¡las bandejas con pie para pasteles resultan útiles para poder cambiar de sitio las redes!

Preparación de los cristales: prepara las piedras con una limpieza rápida mediante tu método preferido. Para que la tarea sea rápida y sencilla, limpia todos los cristales juntos.

Puntas de cuarzo transparente: estas redes se sirven de puntas de cuarzo transparente como transmisores más potentes de energía «neutra». Aunque sirve cualquier cristal de cuarzo, lo ideal es usar parejas de tamaño o forma similar para que sus energías sean uniformes (puedes hacerte con conjuntos de cristales de cuarzo preparados si no quieres montarlos tú).

Duración: en general, las redes quedan montadas tanto tiempo como dicte la intuición. Renovarlas con elementos naturales (flores o hierbas frescas o secas, etc.) es una maravillosa manera de refrescarlas y conectarlas con la estación.

Agradecer + Liberar: «agradecer» a los cristales su acción al final del ritual simplemente significa pronunciar en voz alta la palabra *«gracias»* al retirar cada piedra de la red. Suena un poco raro, pero es un paso importante y no hay que saltárselo, dado que libera la conexión energética que has creado con los cristales para el propósito de la red.

Continuar la magia: los cristales usados estarán supercargados cuando desmontes la red. Como los que se emplean para las redes son pequeños, existen formas sencillas de trasladar el ritual al exterior contigo. Ideas: llévalos en el sujetador, bolso o bolsillo, duerme con ellos en la cama o cerca de ella, báñate con los cristales, elabora elixires de agua con infusión de gemas y regálalos a tus seres queridos para esparcir su magia. **Recuerda: como ocurre con todas las cosas mágicas, no hay reglas. Déjate llevar por tu intuición al jugar y experimentar con las redes de cristales. *¡Felices manifestaciones!***

HECHIZO DE AMOR

ERES MUY AMADO. Esta red sirve dos propósitos: amplificar el amor que *tú recibes de otros*, y a la vez amplificar el amor que *tú te demuestras*. Mereces todo el amor: ¡idea que este ritual ayude a manifestar una vibración de amor supercargada! El cuarzo rosa es una opción clásica como cristal central, pero cualquier cristal que haga brillar tu corazón es perfecto. Coloca esta red mágica debajo de tu cama (no te preocupes si no queda simétrica del todo, haz lo que puedas). La red creará una burbuja de amor alrededor de la cama donde duermes (¡y donde posiblemente también realices otras actividades relacionadas con el amor!).

CRISTALES

- **8 puntas de cuarzo transparente**

- **4 cuarzos rosas**

- **4 cristales del chacra del corazón a elegir**

- **1 cristal central a elegir**

RITUAL

1. Limpia los cristales con tu método preferido.
2. Coloca el cristal central en el medio de la red.
3. Coloca las 8 puntas de cuarzo transparente alrededor del cristal central, apuntando hacia dentro.
4. Coloca los 4 cuarzos rosas.
5. Coloca los 4 cristales del chacra del corazón.
6. Toma el cristal central con las dos manos y acércalo al chacra del corazón. Cierra los ojos y respira hondo 3 veces. Di en voz alta: «*Merezco amor. Me rodeo de personas cariñosas. Solo permito que se me trate con amor. El amor verdadero fluye hacia mí, a través mío y a mi alrededor. Soy amado profunda e incondicionalmente. Soy Amor.*» Devuelve el cristal al centro de la red.
7. Deja actuar la red unas 24 horas (si la pones bajo tu cama, déjala el tiempo que desees).
8. Cuando desmontes la red, da las gracias a cada cristal al retirarlo.
9. Todos los cristales serán ahora talismanes de amor supercargados. Deja el cristal central en un lugar donde lo veas a menudo o llévalo contigo si no es delicado; cuando precises una inyección de amor, acércalo al corazón y repite el mantra. Los demás cristales pueden usarse de muchas maneras, solo debes seguir tu intuición (consejo: ¡ponlos en el agua del baño para tomar una infusión de amor de cuerpo entero!).

SANO Y SALVO

ÁNGELES A TU ALREDEDOR. Este ritual crea una poderosa red alrededor de cualquier cosa que necesite una dosis extra de protección: personas, animales, plantas, objetos y situaciones. Deberás elegir uno o más cristales para representar lo que deseas proteger. Por ejemplo, si tu familia se va de vacaciones y quieres pedir protección extra para el viaje, elige un cristal que represente a cada persona. Monta la red antes de salir, y desmóntala al regresar del viaje: ¡como un seguro angelical de viajes! Si creas la red para proteger a otra persona, un gesto especial consiste en regalarle el cristal que le representa. Si un amigo está enfermo o pasa un mal momento, por ejemplo, crea esta red donde le represente el cristal central, consérvala montada unos cuantos días para que se cargue por completo y luego regala el cristal a tu amigo como un poderoso talismán protector.

CRISTALES + HERRAMIENTAS

- **4 puntas de cuarzo transparente**
- **4 varitas de selenita**
- **4 cristales negros**
- **4 cristales de angelita***
- **Cristal(es) centrales a elegir**
- **Hierbas para quemar* + cerillas**

RITUAL

1. Limpia los cristales con tu método preferido.
2. Dispón la selenita formando un cuadrado.
3. Coloca los cristales que representan lo que deseas proteger en el centro del cuadrado de selenita. Al poner cada cristal, di en voz alta: *«Sano y salvo».*
4. Coloca 4 cristales negros en las esquinas del cuadrado. Estos actuarán como «perros guardianes» de protección.
5. Coloca el cuarzo transparente, con las puntas hacia fuera. Estas dirigen las energías negativas lejos de lo que proteges.
6. Pon las 4 angelitas una a cada lado del cuadrado. Estas sellan la red con protección angelical.
7. Enciende las hierbas para crear humo y traza un círculo sobre la red 7 veces. Di en voz alta: *«Ángeles a tu alrededor».*
8. Ahora la red está sellada y es segura. Déjala montada el tiempo que sea necesaria la protección.
9. Cuando desmontes la red, da las gracias a cada cristal al retirarlo.

(*Si no tienes angelita, puedes usar cualquier combinación de cristales que guarden conexión con el reino de los ángeles: amatista, calcita, celestina, cuarzo rutilado. Hierbas para quemar = incienso, hierbas de tu zona, salvia, etc.)

LIBÉRATE

SUÉLTALO, LIBÉRATE, OLVÍDALO. Cuando se cierra una puerta *siempre* se abre otra, pero podemos quedarnos tan encallados intentando abrir por la fuerza la vieja puerta que no nos damos cuenta de que la nueva se nos abre de par en par. Para renovarse y recomenzar con empuje, usa esta red que te ayudará a poner fin a un capítulo y desprenderte de alguien o algo que te frena. Yo dejo esta red montada y lista para usar: cuando me encallo con algo, acudo a la red. Muy eficaz para soltar lastre y seguir tu camino dejando atrás cosas grandes o pequeñas. *¡Libérate!*

CRISTALES + HERRAMIENTAS

- **4 puntas de cuarzo transparente**
- **4 cuarzos ahumados, rodados o puntas**
- **1 amatista**
- **Sal** *(la sal rosa del Himalaya es mi preferida)*
- **Plato / papel + bolígrafo / váter**

RITUAL

1. Limpia los cristales con tu método preferido.
2. Llena el plato con una capa de sal.
3. Escribe lo que quieres dejar atrás. Hazlo con tanto detalle o brevedad como desees. Dobla el papel y ponlo en el centro de la sal.
4. Coloca la amatista encima del papel.
5. Pon los 4 cuarzos transparentes, apuntando hacia fuera.
6. Pon los 4 cuarzos ahumados (apuntando hacia fuera si son puntas).
7. Respira hondo 3 veces: imagina que estás inspirando luz brillante por la nariz y espirando nubes grises de tormenta por la boca. Sacude las manos vigorosamente mientras respiras: ¡sácalo! Si sientes emociones, déjalas fluir libremente.
8. Deja la red 20 minutos, 2 horas o 24 horas (en un lugar soleado, a ser posible).
9. Luego, retira el papel y rómpelo a pedacitos. Repite con cada gesto: *«Suelto (nombre / situación). Me limpio y me libero. Me he desprendido de ello».* ¡Echa los pedazos de papel y la sal al váter y tira de la cadena!* Frótate fuerte las manos un momento para restaurar tu energía. Deja que las emociones fluyan hasta que te sientas completo.
10. Sal al exterior (o abre una ventana). Ponte de pie, erguido, con los pies bien clavados en el suelo. Mira hacia el sol si está visible. Ponte las manos sobre el corazón, sonríe e inspira / espira profundamente. Sacúdete de nuevo las manos para deshacerte de energías rezagadas. *Estás limpio y liberado.*

(*Si vas a dejar la red montada, solo echa los pedacitos de papel y una pizca de sal, no toda.)

FONDO FIDUCIARIO

ALIMENTA TU FONDO FIDUCIARIO. Pensarás que esta red está destinada a ganar más dinero, ¿verdad? Pues mejor aún: este ritual sirve para alimentar tu *verdadero* fondo fiduciario, es decir, tu confianza en la cronología divina, el flujo y serendipia de las cosas y los milagros mágicos. Los ciclos vienen y van. Tu tarea consiste en *conservar la mentalidad de expansión, gratitud, generosidad y confianza*. Esta red te ayudará a dejar de bloquear el Flujo Divino de tu vida con ansiedad, preocupaciones y acciones motivadas por el miedo. Confía en el Plan Divino que lo dirige todo: ¡Dios / Diosa / Energía / Flujo Universal (con la palabra que quieras) no comete errores! Dejar esta red montada es una fantástica manera de recurrir a tu Fondo Fiduciario: intenta empezar la jornada con los pasos 7 y 8; en un momento conferirás al día una poderosa vibración.

CRISTALES + HERRAMIENTAS

- **4 puntas de cuarzo transparente**

- **4 piritas**

- **4 cristales de manifestación***

- **Vela + cerillas**

RITUAL

1. Limpia los cristales con tu método preferido.
2. Coloca la vela sin encender en el centro de la red.
3. Coloca las 4 piritas a cada lado de la vela.
4. Coloca los 4 cristales de manifestación al otro lado de cada pirita, siguiendo tu intuición en cuanto al orden y disposición.
5. Coloca las 4 puntas de cuarzo transparente entre las piritas, apuntando hacia el exterior.
6. Asegúrate de mantener los pies planos sobre el suelo. Respira profundamente 3 veces para sentir el arraigo.
7. Enciende la vela y di en voz alta: *«Me sostiene el Universo. Me rodean infinitas bendiciones y milagros. Siempre se manifiesta todo aquello que necesito. Todo fluye a la perfección, en el momento oportuno y la manera adecuada para todas las partes implicadas. Confío en el Flujo Divino».*
8. Deja que la vela queme cuanto quieras. Cuando la apagues, di en voz alta: *«Confío».*
9. Cuando desmontes la red, da las gracias a cada cristal al retirarlo.

(*Elige una combinación de cristales que te hagan sentir conectado con el Flujo Divino. En la foto: cuarzo de Hérkimer, amatista de Veracruz, amatista de Brandberg, kunzita.)

BRILLA COMO UN DIAMANTE

«Existe una vitalidad, una fuerza vital, una energía, un despertar que se traduce a través tuyo en acción, y como solo existe un tú en todos los tiempos, esta expresión es única. Si la bloqueas, nunca existirá a través de ningún otro medio y se habrá perdido. El mundo no participará de ella. No te toca a ti determinar lo buena que sea ni lo valiosa ni compararla con otras expresiones. A ti te toca hacerla tuya clara y directamente, para mantener el canal abierto.» MARTHA GRAHAM

LLAMADA A TODOS LOS FACILITADORES DE LUZ. Tanto tú como yo sabemos que en tu interior existe una magia especial. Como se expresa perfectamente en el párrafo anterior, eres único, tu magia es completamente singular y nuestro mundo *necesita* tus dones especiales. Facilitar tu luz requiere de un mantenimiento y apoyo regulares, utiliza pues esta red para afinar tu sistema de chacras (o sea, tu sistema personal de energía) y favorecer que todo vaya como una seda. ¡Deja fluir tu magia, facilitador de luz!

CRISTALES

- **8 puntas de cuarzo transparente**
- **8 cristales representando los chacras (a elegir)**
- **Cristal central de cualquier tamaño y forma**

RITUAL

1. Limpia los cristales con tu método preferido.
2. Dispón los cristales de los chacras formando un círculo, siguiendo el orden de los chacras (p. 11). Al colocar cada uno, di en voz alta: *«Soy luz»*.
3. Pon los 8 cuarzos transparentes apuntando hacia el interior.
4. Sujeta el cristal central con ambas manos. Respira hondo 3 veces. Di en voz alta: *«La magia fluye hacia mí y a través de mí, en mí y a mi alrededor»*.
5. Toca con el cristal central cada centro de los chacras, comenzando desde arriba: corona (parte superior de la cabeza), tercer ojo (entre las cejas), garganta (garganta), corazón (pecho), plexo solar (sobre el ombligo), sacro (vientre), raíz (base del cuerpo entre las piernas). Así se crea un enlace energético entre el cristal y tu sistema de chacras.
6. Devuelvew el cristal al centro de la red. Deja la red montada durante unas 24 horas.
7. Cuando desmontes la red, da las gracias a cada cristal al retirarlo.
8. Pon el cristal central en un lugar donde lo veas regularmente o llévalo contigo: cuando estés cerca de él, tu sistema recibirá un potente recordatorio vibracional de que *Eres luz*. ¡Radiante de nuevo al instante!

Existen tantas maneras de traer la magia y poder de sanación de los cristales a tu vida diaria como estrellas hay en el cielo, tantas posibilidades que solo se ven limitadas por los confines de tu imaginación. Si vas a quedarte con una sola cosa de este libro, quisiera que fuera el empoderamiento que significa escuchar tu propia voz interior. Puedes leer todos los libros del mundo que hablan de cristales y obtener recomendaciones de los mejores expertos, pero nadie puede saber con certeza qué cristal está hecho para ti —en este preciso momento de tu viaje— mejor que tú mismo. Tu intuición es la manera que tienen los cristales de hablarte directamente, dadas tus circunstancias singulares y para tu sanación.

Escucha a tus cristales.

Si ampliamos la perspectiva, eso también significa que nadie sabe con certeza qué es lo mejor para ti *en cualquier circunstancia* más que tú. Tu intuición es tu magia más valiosa: escúchala siempre, confía siempre en ella. Toma el poder. Hay magia en tu interior.

Escúchate.

INTUICIÓN = LA MAGIA TE SUSURRA

LOS CRISTALES

GUÍA **ALFABÉTICA**

✳ Variaciones de **color**

☩ Principal **fuente** moderna

✿ **Chacra** al que se asocia

♡ Recomendación de **cuidados especiales**

◊ Idoneidad de la **exposición al agua**

Magia = cualidades metafísicas

Notas = información práctica

Angelita

ÁNGELES + PROTECCIÓN + PAZ + CALMA

✵ **Color** Azul celeste opaco

⊚ **Origen** Perú

♧ **Chacras** Garganta, corona

◊ **Limpieza con agua** ☐ S ☒ N

MAGIA Resulta fácil recordar la magia de esta piedra celestial: *Ángel + Luz = angelita*. La angelita es un cristal que conecta con la orientación, protección e inspiración angelical. Cada uno de nosotros disponemos de un equipo celestial que nos acompaña en todo momento, una patrulla de ángeles propia que camina con nosotros. La angelita te recuerda que nunca estás solo, y es uno de los mejores cristales para calmar la ansiedad y el miedo. Guarda una metida en la ropa o en el bolsillo para sentirte seguro cuando salgas, y ponla bajo la almohada para que te proteja y te guíe mientras sueñas. Es ideal para los niños, para ayudarles a sentirse seguros y protegidos;

coloca una en su dormitorio para crear un oasis tranquilizador de paz y quietud (¡la angelita es un regalo ideal para los nuevos padres!). Es un cristal asociado al chacra de la garganta y la corona, y recuerda con amabilidad que no hace falta que lo hagas todo solo: pide ayuda a los ángeles y siempre estarán a tu lado.

NOTAS La angelita es el nombre metafísico que recibe la anhidrita azul no cristalizada procedente de Perú. Se encuentra casi exclusivamente en forma de piezas pequeñas pulidas o piedras en bruto; no obstante, la anhidrita forma delicados cristales con aspecto de «alas», una variedad buscada y muy especial. Muchas guías indican que la angelita es una forma comprimida de celestina, pero eso no es correcto, ya que procede de una familia mineral distinta. El contacto con agua la daña.

Aguamarina

MAGIA DE SIRENAS + FLUJO CREATIVO + REJUVENECIMIENTO

❋ **Color** Azul verdoso translúcido

◉ **Origen** Brasil, Pakistán, Afganistán

♋ **Chacras** Garganta, tercer ojo

♡ **Cuidados** Empalidece con la luz directa del sol

△ **Limpieza con agua** ☒ S ☐ N

MAGIA *Magia de sirenas.* Este cristal de espuma marina es para alguien que secretamente (o no tanto) desearía ser una sirena, porque si las sirenas llevan anillos, imagino que deben relucir con piedras de aguamarina. Las sirenas son unas de las criaturas místicas favoritas: encantadoras, sensuales, medio humanas y medio animales. Al ser a la vez humanas y no humanas, resultan seres familiares y exóticamente desconocidos, una de las razones por las que representan tótems tan potentes. *La magia es más fuerte en el espacio intermedio entre lo conocido y lo desconocido.* Este cristal y su conexión con el espacio intermedio ayudan a romper con las rutinas, los hábitos y los pensamientos basados en el miedo, y favorecen la curiosidad y la exploración de tu lado juguetón y creativo. Como cristal refrescante, la aguamarina también ayuda a calmar el parloteo mental y la ansiedad, y proporciona rejuvenecimiento y claridad cristalina. Abraza a tu sirena interior con aguamarina, y *¡sigue su estela!*

NOTAS La aguamarina es la variedad azul de berilo, lo cual la hermana con la esmeralda y la morganita. Se encuentra comúnmente como gema tallada y piedra rodada, y forma largos cristales hexagonales, con frecuencia incrustados en pegmatitas y mica plateada. Las gemas de aguamarina se confunden fácilmente con el topacio azul, y suelen tratarse con calor para potenciar su coloración azul. Es piedra de nacimiento del mes de marzo.

Aventurina

VERDE

SUERTE + ABUNDANCIA + CRECIMIENTO + ESPÍRITUS DE LA NATURALEZA

✳ **Color** Verde opaco

◎ **Origen** India, Brasil

❧ **Chacras** Plexo solar, corazón

◊ **Limpieza con agua** ☒ S ☐ N

MAGIA ¿Compras billetes de lotería, buscas tréboles de cuatro hojas y crees en las herraduras como amuletos? ¡Entonces la aventurina verde podría ser ideal para ti! Se trata de un talismán de la buena estrella desde tiempos remotos, una de las piedras clásicas para atraer la suerte, prosperidad y la buena fortuna en general. Es una forma de cuarzo microcristalino incrustado con brillante fucsita verde, y comparte muchas de las cualidades mágicas de la fucsita, especialmente su conexión con la naturaleza y el mundo elemental de las hadas y los espíritus de la tierra. Una cosecha próspera era una de las cosas más preciadas en la Antigüedad, ahí nació, suponemos, la asociación de esta piedra con la suerte y la prosperidad. Las plantas se desarrollan con vigor cuando hay aventurina verde: pon piedras en la tierra de tus plantas para darles amor adicional e intenta crear «redes» en tu jardín disponiendo piedras en las cuatro esquinas: las hadas y los espíritus de la tierra de tu zona te o agradecerán. Para atraer otro tipo de abundancia verde ($$$), prueba a guardar una aventurina junto con tu dinero, ya sea en la cartera, caja registradora o hucha.

NOTAS Si bien la variedad verde es la más común y conocida, la aventurina también se encuentra en otros colores, especialmente azul y rojo pardo. Solo se halla de forma «masiva» (no cristalizada), por lo que resulta asequible en diversidad de formas pulidas y en bruto, y se acostumbra a emplear como alternativa del jade, otra piedra de la fortuna. El «vidrio de aventurina» (o piedra de oro) es creado por la mano del hombre.

Amatista de Brandberg

TRANSFORMACIÓN + DESPERTAR ESPIRITUAL
+ MAGIA FACILITADORA DE LUZ

✳ **Colores** Violeta, lavanda, marrón, gris

◎ **Origen** Namibia

🐚 **Chacras** Todos

♡ **Cuidados** Empalidece con la luz directa del sol

💧 **Limpieza con agua** ☒ S ☐ N

MAGIA Extraída a mano de la montaña Brandberg, del color del fuego, un lugar reverenciado como centro sagrado de energía, muchos sanadores consideran que esta amatista se encuentra entre los cristales más poderosos del planeta. La singular magia de una Brandberg procede de su capacidad de activar y armonizar todos los chacras, incluidos los identificados como chacras «modernos». Básicamente, este cristal te conecta a una gran fuente de energía y te ayuda a alinear tu energía con la nueva consciencia que surge ahora en el planeta. Las Brandberg ahumadas se consideran los cristales más finos para su uso en la disolución de energías negativas y su sustitución por luz; meditar o dormir con una puede ser profundamente transformador. ¿Esto te suena demasiado intenso, o incluso te supera? No pasa nada: las Brandberg llegan a las personas en un momento de evolución espiritual rápida, cuando están listas para gestionar su potente magia. Por tanto, si una de estas piedras llega a ti, confía. Tu Brandberg es un amiga sabia que se presenta en el momento justo para apoyarte en tu camino de facilitador de luz.

NOTAS Más comunes como puntas simples, las Brandberg son en general una fusión de tres variedades de cuarzo: amatista, cuarzo transparente y cuarzo ahumado. Las más especiales presentan «enhydros» o burbujas de agua atrapadas en su interior que se mueven al rotar el cristal. La limitación de su disponibilidad debida a la pequeña zona de extracción significa que cada vez más amatistas procedentes de otras áreas se hagan pasar por variedad Brandberg, por eso es aconsejable adquirirlas en comercios de confianza.

Crisoprasa

NUEVOS COMIENZOS + OPORTUNIDAD + CRECIMIENTO NATURAL + PERDÓN

✳ **Color** Verde claro

◎ **Origen** Australia, Brasil, India, EE. UU.

♋ **Chacras** Corazón, plexo solar

♡ **Cuidados** Empalidece con la luz directa del sol

◊ **Limpieza con agua** ☒ S ☐ N

MAGIA Esta piedra de primaveral color verde rezuma con la energía de los nuevos comienzos y del potencial floreciente. Tanto si te encuentras en un período de transición como si deseas que se manifiesten nuevas oportunidades ilusionantes la crisoprasa es un cristal para que se manifiesten cambios. Ponla en tu espacio cotidiano, en algún sitio donde la veas habitualmente (como joya; metida en el sujetador, bolsillo o bolso; sobre tu escritorio, mesilla de noche o encimera de la cocina). Cada vez que la veas, dedica un instante a imaginarte rodeado de una burbuja brillante de energía de color verde reluciente. Será un momento y cada vez que lo hagas te renovarás con una vibración fresca y transformadora. También es una poderosa piedra de perdón (*porque debes deshacerte de lo viejo para dar cabida a lo nuevo, al fin y al cabo*): lleva la crisoprasa cerca del corazón para ayudarte a liberarte, perdonar y transformarte. Llevarla como colgante es una manera fácil de acercar su energía a tu corazón, o medita con ella sobre el chacra del corazón mientras repites: *«Perdono. Amo. Me transformo»*.

NOTAS La crisoprasa es una variedad de calcedonia (cuarzo microcristalino), y suele venderse como piedra rodada, cuentas y cabujones. La crisoprasa de calidad fina es de color verde claro translúcido, mientras que las piedras rodadas son menos translúcidas y acostumbran a estar mezcladas con inclusiones marrones. La variedad limón es de color amarillo verdoso opaco. Nótese que suele venderse engañosamente calcedonia teñida de verde como crisoprasa.

Cobre

AMPLIFICAR / MOVER ENERGÍA + ARRAIGO + MANIFESTACIÓN

✳ **Color** Naranja rojizo metálico

🜚 **Origen** EE. UU., México, Chile, Perú

♋ **Chacras** Plexo solar, garganta, corazón

💧 **Limpieza con agua** ☐ S ☒ N

MAGIA Nuestros ancestros neolíticos lo sabían, igual que los pueblos místicos del antiguo Egipto, Roma y Grecia: el cobre es un asombroso conductor natural de energía, tanto eléctrica como metafísica. Los humanos lo han empleado como herramienta –tanto práctica como mágica– desde hace más de 10.000 años. Para conectarte con su poder mágico de manifestación, prueba a colocarlo sobre el chacra del plexo solar (sobre el ombligo) o medita con uno en las manos cuando necesites ayuda para que se manifiesten tus mayores y más brillantes ideas –el cobre ayudará a darles vida al «arraigarlas» en la realidad–. También es un poderoso compañero de viaje: siempre recomiendo llevar una pieza pequeña cuando se emprende un viaje para reequilibrar las energías tras recorrer una distancia, y conectar con las energías del lugar de acogida (¡muy útil para el desajuste horario!). Lo ideal es poner los pies desnudos sobre la tierra o la hierba mientras se sujeta una pieza de cobre, y descansar así unos minutos para que las energías se regulen y conecten. Si no tienes esa posibilidad, simplemente acércate a la tierra tanto como te sea posible (por ejemplo, si estás en un hotel de muchos pisos, haz lo descrito en la planta baja).

NOTAS El cobre es un elemento, *Cu*. Se estima que nuestro planeta contiene unos 12 trillones de kilos de cobre, de los cuales menos del 12 por ciento se han extraído a lo largo de la historia de la humanidad. El cobre da color a muchos minerales de tonos azules y verdes, incluidas la turquesa, la malaquita, la azurita y la crisocola. El *oro rosa* es una mezcla de cobre y oro, y aúna la magia asociada con ambos metales.

Diamante

COMPROMISO + INTEGRIDAD + FUERZA + FE

Colores Transparente, amarillo, ahumado ++

Origen África (varios lugares), Rusia, Canadá, India

Chacra Corona

Limpieza con agua ☒ S ☐ N

MAGIA *Puedes hacer cosas duras*. ¿Sabías que los diamantes solo se forman bajo una inmensa presión? Hablo de una presión *ingente*, ¡equivalente a más de 50 000 veces nuestra atmósfera! ¿Adivinas el resultado de toda esa presión? Pues algo absolutamente singular en la naturaleza: los diamantes son la sustancia natural más dura. Por eso existen motivos para relacionar estas resistentes gemas con algo que le cambia tanto la vida a uno como el matrimonio, ya que los diamantes son únicos para ayudar a mantener compromisos sólidos como una roca, tanto contigo mismo como con los demás. Estas extraordinarias piedras te apoyarán en cuanto se lo pidas. Al fin y al cabo, el nombre del diamante procede de la palabra griega «adamas» = 'invencible' / 'inconquistable'. Cuando decides llevar un diamante (o regalarlo), estás diciendo: *«Me comprometo. Como un diamante, yo/nosotros podemos con las cosas duras, y aprovecharemos la presión y los retos que nos encontremos para fortalecer y potenciar este compromiso»*. Deja que este reluciente y resistente cristal te ayude a ostentar el brillo de la verdad, y te recuerde que siempre –*¡siempre!*– hay luz al final de cada túnel, por mucha presión que se sienta.

NOTAS Los diamantes son carbono puro y su color se debe a diminutas cantidades de nitrógeno o boro. Se valoraron por primera vez en la antigua India, su más temprano lugar de extracción, y se usaban solo en bruto o como cabujones hasta el siglo XIV, cuando los joyeros empezaron a tallarlos (en la foto: diamantes variados en bruto). Son sinónimo de anillo de compromiso desde hace menos de un siglo, debido a una exitosa campaña de marketing llevada a cabo en la década de 1930. La moisanita y la circonia cúbica son alternativas de laboratorio populares. El diamante es una piedra de nacimiento moderna del mes de abril.

Epidota

MAGIA DE LA NATURALEZA + LIBERACIÓN DE VIEJAS ENERGÍAS + APOYO EMPÁTICO

✳ **Color** Verde oliva

⌖ **Origen** México, Sudáfrica, Pakistán, EE. UU.

⬡ **Chacras** Tercer ojo, corazón, raíz

⬦ **Limpieza con agua** ☒ S ☐ N

MAGIA *Bruja. Brujería.* Palabras potentes que han conjurado miedo y negatividad durante demasiado tiempo. Pero en realidad, la mayoría de «brujas» centran su vida alrededor del mundo natural: el cambio de las estaciones, el flujo de la luna, los patrones de las estrellas y el poder curativo de plantas, minerales y animales. No hay nada oscuro, pavoroso ni siniestro en ello, ¿verdad? ¡Ya es hora de trascender ideas erróneas caducas! Si te atrae la epidota, puede significar que te estás abriendo a tu «conocimiento» psíquico interior, aquel sexto sentido que a veces se da en llamar serendipia o intuición –en otras palabras, tu brujería interna–. ¡Qué emoción! Un maravilloso cristal para la empatía gracias a su capacidad de crear fuertes barreras de energía, la epidota también es excelente para limpiar viejas energías caducadas, o energía que se nos ha pegado de los demás (como velcro), pero que no nos toca a nosotros gestionar. Sostén un cristal de epidota y di en voz alta: *«¿Es realmente mía esta energía?»*. Así limpiarás tu campo de energía de forma rápida y eficiente. Los dolores de cabeza pueden indicar que existe energía en un lugar al que no pertenece; prueba a colocar una epidota en el punto de dolor e imagina que emite rayos dorados que lo neutralizan.

NOTAS «Epidota» se refiere tanto a la familia de minerales como al mineral específico, el miembro más común de dicha familia. Cristaliza en gran variedad de formas, incluida la de prismático «abanico» (en la foto). A menudo se forma incrustada en otros minerales, y las piedras rodadas de epidota suelen estar mezcladas con cuarzo blanco.

Galena

PENSAMIENTO ANALÍTICO + CONCENTRACIÓN + ORGANIZACIÓN

✳ **Color** Gris metálico

⊘ **Origen** EE. UU., Perú, Bulgaria

⟳ **Chacras** Plexo solar, raíz

♡ **Cuidados** Contiene plomo, lávate las manos

◇ **Limpieza con agua** ☐ S ☒ N

MAGIA ¿Notas que tu atención se dispersa justo cuando necesitas dedicarla a una tarea importante? ¿Te cuesta mantener la concentración? ¿O quizás miras el teléfono un millón de veces al día como distracción? Parece que te iría bien un poco de magia de la galena en el lugar de trabajo, amigo mío. Este cristal geométrico es estupendo para calmar las mentes excesivamente activas y distraídas, y te ayuda a centrarte en una vibración de concentración dilatada y productividad intensa. La galena es hermana de la pirita dorada, y te ayuda a mantener la atención en los detalles, mientras que la pirita sirve para manifestaciones y reflexiones más amplias. Este par de minerales metálicos son ideales para el lugar de trabajo: mantenlos a la vista mientras trabajas, y cuando notes que pierdes la concentración (cuando estás a punto de coger el teléfono por pura distracción, por ejemplo), dedica un momento a observar sus relucientes, magníficos y precisos ángulos. Inspira y espira profundamente, y luego vuelve a sumergirte en el trabajo con determinación renovada. El mundo necesita tus maravillosas creaciones, o sea que hazte con un cristal de galena y ponte a ello, ¡tienes magia!

NOTAS La galena cristaliza en formas cúbicas, y a menudo se forma emparejada con una amplia variedad de minerales. Se extrae principalmente para su uso industrial como mena de plomo, y una de las aplicaciones más antiguas que se le conocen es como delineador de ojos kohl, que aún se usa como maquillaje tradicional en el norte de África y Oriente Medio. Lávate las manos después de tocar la galena y mantenla alejada de las bocas de los niños debido a su elevado contenido en plomo.

Oro

PODER + LIBRE ALBEDRÍO + MANIFESTACIÓN

✳ **Color** Amarillo dorado metálico

⬡ **Origen** Todo el mundo

♨ **Chacras** Todos

💧 **Limpieza con agua** ☒ S ☐ N

MAGIA Ah, el oro... el material del que están hechos los sueños, las leyendas, las aventuras, conquistas, explotaciones, deseos... Se cree que se formó a partir de la energía desprendida por la explosión de estrellas (¡!), la presencia del oro en la corteza de nuestro planeta sigue siendo un misterio: ¿proviene de polvo de estrellas que se hundió en el corazón del planeta tras el Big Bang? ¿O procede del impacto de asteroides que se produjo hace millones de años? Sea como fuere, lo misterioso es lo que nos gusta este brillante metal a los humanos. El oro ha danzado íntimamente con la energía del *poder* desde que empezara la historia de la humanidad, ya que este precioso metal activa nuestra conexión con el poder, la presencia y la autonomía personal (o libre albedrío). El oro pregunta incesantemente: *«¿Cómo quieres presentarte al mundo? ¿Decides desde tu yo más elevado o te dejas guiar por fuerzas más oscuras?»*. Como vivimos en un universo de libre albedrío, el oro no elige por ti, simplemente favorece lo que tú elijas. Por tanto, elige bien y con sabiduría. Procura vivir acorde con aquella regla tan bien bautizada como regla de oro, de modo que siempre proporciones a tu oro buenas intenciones y vibraciones para amplificar. *Desea para los demás lo que desearías para ti mismo.*

NOTAS El oro puro es un elemento, *Au*. Se encuentra en vetas incrustado en cuarzo, además de pepitas, cristales y granitos diminutos (en la foto: pepitas en bruto y cristales). El oro puro es bastante blando, de modo que se combina con otros metales para su uso en joyería, como la plata, cobre, níquel, zinc y platino.

Cuarzo sanador dorado

AUTOSANACIÓN + FULGOR + TRANSFORMACIÓN

- ✲ **Color** Amarillo dorado
- ⬯ **Origen** Brasil, Arkansas (EE. UU.)
- ⬭ **Chacras** Todos
- ◌ **Limpieza con agua** ☐ S ☒ N

MAGIA *Sánate a ti para poder sanar el mundo.* El cuarzo sanador dorado es una forma de cuarzo de vibración extremadamente elevada que muchos sanadores atesoran de forma particular. Se considera que vibra con la «conciencia de Cristo», expresión que se emplea en algunas tradiciones espirituales y que no se refiere a Jesús específicamente, sino a una elevadísima vibración de amor. ¿Muy esotérico, eh? No le des muchas vueltas; de hecho, es mejor no pensar cuando se trabaja con cuarzo dorado, porque el principal don de este cristal consiste en alejarte de tu mente y trasladarte a tu corazón. Un mensaje para ti del cuarzo dorado: *«Juntos estamos despertando. Juntos. Vivimos en una época de potencial y posibilidades sin precedentes. Sé que las noticias circulan repletas de pesimismo e historias sobre el fin del mundo, pero Fulgura a un Nivel Superior. Sé consciente, claro, pero Mantente Elevado. Vibra con el nivel de la luz. ¿Y qué si todos vivimos de una gran y gloriosa ilusión? No te autolimites. Eres un ser libre y de potencial infinito. Juega, explora, fluye y conecta con tu Potencial Dorado. Confía en que estás aquí para pasarlo bien, explorar, sanar y vibrar al nivel de la luz. Mantén tu Brillo Dorado».*

¡Yo no lo habría expresado mejor!

NOTAS El cuarzo dorado es cuarzo transparente con una ligera capa o infusión interior de hematites o goethita. Se descubrió en Arkansas en la década de 1980, y más recientemente se ha hallado en Brasil.

Cuarzo hematoide

FUERZA + CIRCULACIÓN DE ENERGÍA + SANACIÓN ANCESTRAL + FERTILIDAD

✳ **Colores** Tonos de rojo, pardo, naranja

⌀ **Origen** Todo el mundo

♋ **Chacras** Raíz, sacro, ombligo, corazón

💧 **Limpieza con agua** ☒ S ☐ N

MAGIA Para empezar, vamos a aclarar algo que puede ser fuente de confusión: el cuarzo transparente (o blanco) combinado con el óxido de hierro del mineral hematites se comercializa con diversos nombres, como cuarzo hematoide, cuarzo ferruginoso, cuarzo arlequín, de fresa, de fuego, sanador rojo, Agnitite™, Jacinto de Compostela, etc. Cada variedad presenta un aspecto algo diferente, pero todos estos cristales rojizos son en esencia el mismo mineral –cuarzo + hematites– y sus dones sanadores son similares. Se trata de cristales que revitalizan, aumentan la energía y purifican. El hierro de la hematites vibra con el hierro que corre por el rojo de nuestras venas, por lo que estos cristales son un gran tónico si se padece fatiga, apatía y poca energía en general, tanto física como

espiritual. Lleva uno contigo todo el día, colócalo debajo del colchón o la almohada de noche, y para sanar con contacto corporal ponte uno donde sientas que lo necesitas (vientre, ombligo o corazón), y permítete descansar y rejuvenecer. Estos cristales pueden ayudarte a facilitar una curación profunda de cosas heredadas, como penas y traumas acaecidos a los que te precedieron. De nuevo, coloca un cristal sobre la parte del cuerpo que elijas y siente y libera las emociones que surjan.

NOTAS Como se ha dicho, las muestras de cuarzo con una inclusión, recubrimiento o manchas de hematites se encuentran por todo el mundo y se venden bajo diversos nombres. La lepidocrocita (el cristal del inferior de la foto) es cuarzo con inclusión de goetita, que es también un óxido de hierro. Los cristales más populares formados por hematites + cuarzo son el cuarzo mandarina, cuarzo sanador dorado, cuarzo rosa tibetano y el citrino natural.

Cuarzo de Hérkimer

FACILITADOR DE LUZ + TRANSFORMACIÓN + LIMPIEZA DE ENERGÍA

✳ **Colores** De transparente a ligeramente ahumado

◉ **Origen** Nueva York (EE. UU.)

☯ **Chacras** Corona, tercer ojo

◌ **Limpieza con agua** ☒ S ☐ N

MAGIA Facilitador de luz: añade un brillante cuarzo de Hérkimer a tu caja de herramientas mágicas para apoyar tu luz (facilitador de luz = persona comprometida a repartir su luz, es decir, *llevar su amor y su luz allá donde vaya y compartirlos*). Estos pequeños cristales de cuarzo transparente presentan doble terminación, lo cual significa que forman de manera natural una punta de seis caras en cada extremo, en lugar de solo una como el clásico cristal de cuarzo. Los cristales biterminados son herramientas muy especiales, ya que permiten que la energía fluya simultáneamente tanto hacia el interior como hacia el exterior de sus puntas opuestas. Esto hace que los hérkimer sean cristales poderosos para la meditación y la sanación del cuerpo. Medita con uno sobre el tercer ojo (entre las cejas), o tocando la coronilla, para inundarte de energía pura y fresca. Coloca uno en la parte del cuerpo donde notes energía atascada, estancada o que precise luz: respira hondo y deja que ocurra la transformación de forma apacible. Llevar joyas de cuarzo de Hérkimer es una bonita manera de contar con el apoyo de este cristal mientras repartes tu magia a lo largo del día.

NOTAS El cuarzo de Hérkimer recibe su nombre del condado de Hérkimer, Nueva York (EE. UU.), donde fue identificado por primera vez en el siglo XVIII. El cuarzo de doble terminación que se encuentra en otras partes a veces se vende bajo esta misma denominación, pero técnicamente, un hérkimer verdadero debe proceder del condado neoyorquino. Dado que los cristales de doble punta son más bien raros en el mundo mineral, los hérkimer son populares entre los coleccionistas y los sanadores. En ocasiones se forman múltiples cristales fundidos en forma de drusa. Nota: aunque también se le llama cuarzo diamante, se trata de una variedad de cuarzo, no de diamante.

Cuarzo tibetano

ROSA

AMOR UNIVERSAL + PAZ + TRANSCENDENCIA

- ✳ **Color** Rosa palo
- ☉ **Origen** India, Nepal
- ☙ **Chacras** Garganta, corazón
- ◊ **Limpieza con agua** ☒ S ☐ N

MAGIA *Sé Amor*. Originario del Himalaya, uno de los centros de energía mística de la tierra, el cuarzo rosa tibetano vibra con la energía del *Amor Universal*. Hablar del «yo superior» es hacerlo de la parte de nosotros que actúa desde el Amor Universal (en otras palabras, la parte de ti que de forma innata sabe hacer lo *correcto*). La siguiente meditación, rápida pero poderosa, con tu cuarzo tibetano elevará tu conexión con el Amor Universal, y también representa un precioso regalo para compartirlo con el planeta. **RITUAL:** Sujeta o mira el cristal. Respira hondo. Visualiza un rayo de luz rosa que se eleva desde el cristal, y otro rayo que fluye desde tu corazón. Ambos rayos se unen y fluyen hacia arriba y salen de la habitación donde te encuentras. Visualiza este rayo de luz elevándose más y más, hasta alcanzar el espacio exterior. Imagina que se extiende hasta envolver todo el planeta en una burbuja luminosa, reluciente, rosada. Quédate ahí. Tú también estás en la burbuja. *Gracias por compartir este bello regalo con todos nosotros*. Al terminar, imagina que el rayo de luz regresa a tu corazón y el cristal, y finaliza el ritual con tres respiraciones profundas de agradecimiento.

NOTAS El cuarzo rosa tibetano es una variedad poco común, cuyo color se debe a las trazas de aluminio o fosfato que contiene. También recibe el nombre de cuarzo samadhi.

Iolita

VISIÓN + CLARIDAD INTERIOR + CALMA LA ANSIEDAD

✷ **Color** Azul violáceo translúcido

💎 **Origen** India, Sri Lanka, Myanmar, Madagascar

♒ **Chacras** Tercer ojo, corona

💧 **Limpieza con agua** ☒ S ☐ N

MAGIA *Visión Interior*. Este cristal del tercer ojo de color azul violáceo es mágico para conectar con el PORQUÉ interior: «¿Por qué me atasco con este patrón de pensamiento? ¿Por qué tengo dudas / miedos? ¿Por qué me interesa esta persona / oportunidad / cambio de vida?». Dejar las cosas claras y ser sincero con el porqué interior resulta absolutamente vital para acabar con la confusión, y la iolita te ayuda o bien a reafirmar el lugar donde te encuentras, o bien a empoderarte para cambiar. Para conectar con los dones de la iolita, medita con una entre las cejas (chacra del tercer ojo), y/o llévala como joya para mantener una fuerte conexión con tu alma o brújula interior a lo largo del día. Es un cristal calmante y es útil para el insomnio y la ansiedad.

NOTAS Su nombre procede del griego «ios», que significa 'violeta', y la iolita es cordierita de calidad gema. Es pleocroica, es decir, capaz de exhibir diferentes colores al observarla desde diferentes ángulos: azul, violeta, incluso amarillo y gris (cosa que puede dificultar la talla de la iolita como gema). La *iolita piedra sol* es una variedad poco usual que contiene diminutas inclusiones brillantes. A diferencia de la mayoría de gemas azules, la iolita no suele tratarse con calor para potenciar su color. También se conoce como zafiro de agua y dicroíta.

Azabache

MENTE DE PRINCIPIANTE + ZEN + NEUTRALIZADOR DE NEGATIVIDAD

✳ **Color** Negro opaco

◎ **Origen** Inglaterra, Rusia, Turquía, EE. UU.

༄ **Chacras** Raíz, tercer ojo

◌ **Limpieza con agua** ☒ S ☐ N

MAGIA *Vacía la mente*. El azabache es un cristal al cual recurrir cuando necesites aclarar tu mente. Esta piedra negra como el carbón te ayudará a conectar con la magia del *shoshin*, el concepto budista zen de «mente de principiante», es decir, abandonar mentalidades y asunciones preconcebidas para afrontar una situación con ojos y mente abiertos. ¿Se te resiste la solución? ¿Te falta la inspiración creativa? Es posible que sea porque tienes la mente demasiado llena; la inspiración necesita oxígeno para fluir y las ideas nuevas precisan espacio para arraigar. Prueba esta meditación para ver qué se abre ante ti. **1.** Programa el temporizador a 10 minutos. **2.** Siéntate con las piernas cruzadas, con un azabache en las manos, y concentra la mirada en el suelo, más o menos a un metro. Céntrate en la respiración: inspira, espira, inspira, espira. Cuando aparezca un pensamiento en tu cabeza, reconócelo y luego deja que se aleje. Sigue concentrado en la respiración y el punto en el suelo que miras. Nada más. **3.** Cuando suene el temporizador, respira hondo. **4.** Vuelve a lo que estuvieras haciendo con la mente renovada y mentalidad abierta.

NOTAS El azabache, una variedad de lignito, es una gema ligera, orgánica, formada a partir de antiguos troncos a la deriva que quedaron sumergidos en el lodo del fondo marino. A veces contiene inclusiones metálicas de pirita. Muchas culturas antiguas consideraban el azabache un talismán protector.

Kunzita

SUEÑOS HECHOS REALIDAD + AMOR INCONDICIONAL + CURACIÓN DEL CORAZÓN

⊛ **Color** Lila rosado translúcido

⚲ **Origen** Afganistán, Brasil, Pakistán

♋ **Chacras** Corazón, corona, tercer ojo

♡ **Cuidados** Empalidece con la luz del sol

◊ **Limpieza con agua** ☒ S ☐ N

MAGIA ¿Recuerdas que Glinda, la bruja buena de *El mago de Oz*, conseguía que todo fuera más bonito con su dulce y reconfortante presencia (¡y su vaporoso vestido rosa!)? La kunzita tiene un poder similar: amable, alegre, consoladora, protectora, animosa, infinita e incondicionalmente amorosa. *Kunzita = tu cristal hada madrina*. Este cristal tan especial siempre aparece en el cuento de hadas de tu vida en el momento preciso para ayudarte y protegerte de personas o circunstancias que disipan tu magia, y curar tu tierno corazón de experiencias dolorosas que han debilitado tu capacidad para confiar. Pon kunzita sobre tu corazón y deja que te ayude a liberar los dolores del pasado y despertar nuevas esperanzas de futuro. Cual hada madrina, la kunzita te empodera para que creas en ti, y te ayuda a disolver miedos a fin de que te sientas seguro para seguir avanzando hacia tu destino mágico, místico, de sueños hechos realidad. *Recuerda: ¡mereces cosas buenas y mágicas!*

NOTAS La kunzita es la variedad rosa del mineral espodumena. La verde (más escasa) se denomina hiddenita. La kunzita forma largos cristales planos con estriaciones verticales, y es de color más intenso cuando se observa desde su extremo largo. Las piedras más grandes son caras, pero las pequeñas en bruto y las piedras rodadas son accesibles y asequibles. La kunzita puede astillarse y empalidece con la exposición prolongada a la luz del sol, de modo que hay que tratarla con cuidado.

Larimar

MAGIA OCEÁNICA + FLUJO + RELAJACIÓN + TRANQUILIDAD

✳ **Colores** Azul moteado de blanco, celeste

◉ **Origen** República Dominicana

👁 **Chacra** Garganta

♡ **Cuidados** Empalidece con la luz directa del sol

◇ **Limpieza con agua** ☒ S ☐ N

MAGIA *Vitamina marina*. Esta amable piedra, que solo se encuentra en el Caribe, transmite magia refrescante y marina. Los humanos recurrimos al agua para rejuvenecer, relajarnos y renovarnos: existe un punto de bienestar que solo alcanzamos pasando tiempo junto al agua. ¿Te has dado cuenta de que los problemas parecen menores y más manejables cuando miras hacia el horizonte del mar? Los problemas se encogen, las posibilidades se expanden. El larimar ayuda a capturar esa sensación de posibilidad tranquila, e infunde calma incluso cuando la línea de costa más cercana queda muy lejos. Es un cristal que se asocia al chacra de la garganta que ayuda a comunicar tu mensaje y magia al mundo, y te permite mantener la cabeza fría cuando la tormenta arrecia a tu alrededor. Lleva una joya con larimar para que su magia tranquilizadora fluya a lo largo del día, añade una piedra en el agua del baño para sumergirte en su energía calmante, y tómate un momento para simplemente mirar sus tonos azules cuando precises relajarte.

NOTAS Este silicato de la familia de las pectolitas se encuentra solo en una pequeña zona de la República Dominicana. Recibió su nombre en la década de 1970 a partir de la combinación del nombre de la hija de su descubridor moderno, Larissa, con la palabra mar = larimar. Se trata de un mineral no cristalizado, disponible principalmente en forma de piedrecitas rodadas y cabujones.

Cuarzo lemuriano

SABIDURÍA ANTIGUA + EXPANSIÓN CONSCIENTE + ELEVACIÓN DE ENERGÍA

Colores De transparente a ligeramente ahumado, rosado

Origen Brasil, Columbia, Arkansas (EE. UU.)

Chacras Corona, tercer ojo

Limpieza con agua ☒ S ☐ N

MAGIA Érase una vez, posiblemente en algún lugar de Pacífico Sur, una tierra mítica llamada Lemuria. Parecida a la Atlántida, esta antigua civilización era muy avanzada tanto espiritual como tecnológicamente: una especie de Jardín del Edén. Ya fuera por una catástrofe natural o debido a su evolución voluntaria a otra dimensión, los lemurianos desaparecieron y su civilización se hundió en las pantanosas profundidades de la mitología de continentes perdidos. No obstante, antes de desvanecerse, sus sabios «plantaron» su avanzada conciencia y conocimientos en cristales de cuarzo, y estos cristales especiales llevan esperando en la tierra que la humanidad evolucione hasta el punto de integrar su energía. Ahora estos cristales están aflorando y fundiendo nuestra realidad con su sabiduría y vibraciones ampliadoras de la consciencia. Genial, ¿eh? Medita con este singular cristal sobre tu tercer ojo o tocando la parte superior de la cabeza para elevar tu sistema personal de energía, y experimenta la expansión de la consciencia; simplemente pregunta: ***«¿Qué sabiduría deseas compartir conmigo ahora mismo?»*** y se iniciarán poderosas descargas. Los lemurianos hacen felices a otros cristales, guárdalos, pues, con sus amigos cristalinos para contagiarlos de sus vibraciones elevadoras de la energía.

NOTAS El cuarzo lemuriano presenta rugosidades horizontales en los lados, como peldaños de una escalera. Habitualmente es transparente, pero también puede ser ahumado o poseer una capa de color rosa o naranja, y es común principalmente en forma de punta sencilla. Se identificó en la década de 1990 y se consideró de presencia exclusiva en Brasil, pero muchos sanadores con cristales creen que en la actualidad están apareciendo lemurianos auténticos en todo el mundo.

Cuarzo de litio

SALUD MENTAL HOLÍSTICA + ANTIDEPRESIVO + COMPASIÓN

✳ **Colores** Rosa y morado apagados

⊘ **Origen** Brasil

♥ **Chacra** Corazón

◇ **Limpieza con agua** ☒ S ☐ N

MAGIA El cuarzo de litio es hermano de la lepidolita, uno de los mejores cristales para calmar y estabilizar cuando la vida nos sobrepasa. Igual que la lepidolita, el cuarzo de litio contiene litio –el mismo mineral usado en potentes fármacos ansiolíticos–, cosa que convierte este inusual cristal de cuarzo en una fenomenal adición a la caja de herramientas para la salud mental holística. Aunque el cuarzo de litio posee una magia que complementa la de la lepidolita, funcionan de manera diferente. La lepidolita crea una amable burbuja, un «espacio seguro» alrededor de personas o lugares, y calma y consuela las energías y personas que están cerca (hay quien la describe como el «terapeuta de cristal»). El cuarzo de litio, en cambio, ayuda a activar la energía para mover y transformar mientras se mantiene una vibración global estabilizadora, ideal para eliminar las vibraciones de ansiedad o depresivas del aura personal. El cuarzo de litio ayuda a fortalecer el sentido de la compasión –compasión por uno mismo y por quienes le rodean– y a mantener la gracia hacia ti mismo y las personas que encuentras. Valga aquello de *«Sé amable con todas las personas porque cada uno está librando una gran batalla»*. El cuarzo de litio te recuerda que todo el mundo hace lo que puede, incluso tú, amigo mío.

NOTAS El cuarzo de litio suele venderse en forma de pequeñas puntas y como piedra rodada; los agregados son poco comunes. Las puntas acostumbran a ser imperfectas y contener «fantasmas» (sombras transparentes de puntas de cristal interiores), además de diminutas agujas de los minerales espodumena y turmalina, y minerales arcillosos como la caolinita. El cuarzo de litio procede primordialmente de una única zona pequeña del Brasil.

Lodolita

MUNDO ONÍRICO + VISIÓN FUTURA + VIDAS PASADAS

✳ **Color** Transparente con inclusiones multicolores

🌀 **Origen** Brasil

🐚 **Chacras** Todos

💧 **Limpieza con agua** ☒ S ☐ N

MAGIA *Mundos interiores*. La mística lodolita es un cristal de búsqueda de la visión, la profunda exploración del alma, y del mundo interior de los sueños. Con su magia multicolor, cada lodolita está llena de pequeños detalles mágicos, por lo que para apreciar bien este cristal, hay que hacerlo de manera íntima y personal –un recordatorio de que la manera de conectar de verdad con casi todas las cosas es cuando se orienta como íntima y personal–. Observa el interior de la lodolita: relaja los ojos, vacía la mente y respira con profundidad y de forma regular. ¿Qué ves? En tu mente interior empezarán a bailar imágenes, mensajes de tu subconsciente. Deja que vengan cosas nuevas; ¿qué quiere salir a la superficie? *¿Qué sueños interiores afloran de las profundidades de tu alma?* Dedica tiempo a escribir un diario para fijar tus ideas. La lodolita es también perfecta para llevar un diario de sueños: pon un cristal junto a tu cama, sobre tu diario de sueños, para que su magia esclarecedora impregne las aventuras de tus sueños. Las lodolitas con «fantasmas» (sombras interiores en una punta de cristal) son particularmente poderosas para acceder a la sabiduría de vidas anteriores.

NOTAS La lodolita es un cristal de cuarzo de transparente a ahumado con variedad de inclusiones minerales, incluidas las de caolinita, feldespato, epidota y clorita (el cuarzo con clorita, clorita verde suspendida en cuarzo transparente, también se vende como lodolita). La lodolita (o lodalita) se comercializa con diferentes nombres, como cuarzo con inclusión, cuarzo chamánico, cuarzo con paisaje, cuarzo de jardín, cuarzo de los sueños.

Magnesita

LIBERA LA ANSIEDAD + CALMA + ARRAIGA

✳ **Color** Blanco opaco con vetas grises

◉ **Origen** Sudáfrica

🪷 **Chacras** Todos

💧 **Limpieza con agua** ☐ S ☒ N

MAGIA *Reduce la potencia de tu sistema.*
La magnesita funciona de modo distinto a muchos otros cristales. Mientras que la mayoría de cristales «activan» los chacras (es decir, el sistema energético personal), la magnesita posee el efecto contrario. Funciona como una manta pesada o una sordina: al clocarla sobre un chacra, ayuda a atenuar la energía que bulle en exceso, lo cual produce un estado más calmado y disminuye la ansiedad. Usa la intuición para saber en qué parte del cuerpo debes colocar la magnesita, ya que cada chacra en algún momento puede beneficiarse de un poco de «silencio». Por ejemplo: ¿das vueltas a las cosas? Magnesita = entre las cejas (chacra del tercer ojo); ¿das demasiadas explicaciones? Magnesita = en la garganta (chacra de la garganta); ¿te sientes extrasensible? Magnesita = sobre el pecho (chacra del corazón); ¿te pasas comparándote? Magnesita = sobre el ombligo (chacra del plexo solar); ¿con la excitación sexual por las nubes? Magnesita = sobre el vientre (chacra del sacro). Lleva este cristal contigo los días en que necesitas ayuda para mostrarte menos reactivo y sensible con el mundo, y mételo bajo la almohada las noches que batalles con insomnio.

NOTAS La magnesita se vende comúnmente como howlita, aunque gran parte de la supuesta howlita del mercado es en realidad magnesita mal identificada, ya que se parecen muchísimo (y comparten propiedades metafísicas similares). La howlita era antes abundante, pero se han cerrado muchas minas. Como sus vetas oscuras son parecidas a las de la turquesa, la magnesita a veces se vende con el nombre de turquesa blanca, turquesa búfalo blanco o piedra búfalo blanco. La magnesita teñida de azul se comercializa como imitación de la turquesa, a veces llamada turquesa howlita o turquenita.

Manganocalcita

SANACIÓN DE ENERGÍA + REIKI + AMOR A UNO MISMO + PAZ

✳ **Color** Rosa pastel opaco

◉ **Origen** Perú, México, Brasil, Bulgaria

♋ **Chacra** Corazón

♡ **Cuidados** Empalidece con la luz directa del sol

◊ **Limpieza con agua** ☐ S ☒ N

MAGIA Este cristal rosado como una nube posee vibraciones muy tiernas y sanadoras. Forma parte de la familia de las calcitas (una de las más abundantes y variadas del mundo mineral), y presenta la energía «más dulce» de todas ellas. La magia general de las calcitas radica en su capacidad para ablandar y abrir los chacras, haciéndolos más receptivos a la sanación energética, y la manganocalcita casa especialmente bien con el reiki, una antigua técnica japonesa para el reequilibrio de las energías. El reiki ayuda a activar la energía sanadora que *ya se encuentra en tu interior*. Nuestros cuerpos son sabios –saben de forma innata mantener el equilibrio y la salud–, pero en el mundo moderno, con exceso de estímulos y estrés, a menudo dejamos de prestar atención a lo que nos dice el cuerpo. La manganocalcita es genial para ayudarte a reconectar con tu brújula interna de sanación. Coloca este dulce cristal sobre el corazón, o coge uno en la mano mientras te acurrucas de lado (en posición fetal), e imagínate rodeado de una brillante burbuja rosa. Relájate con sus suaves vibraciones. Date un respiro, déjate cuidar, sana. *Sé el sanador y el sanado*. Este es un cristal ideal para colocar en dormitorios y habitaciones infantiles.

NOTAS Las franjas de tonos rosados de la manganocalcita deben su color al mineral manganeso. Algunas suelen contener inclusiones grises, y los agregados a veces están salpicados de pirita o calcopirita metálica. La manganocalcita cristaliza en variedad de formas, si bien las más habituales son las piedras rodadas pequeñas. También se la denomina calcita rosa.

Moldavita

EXTRATERRESTRE + DESPERTAR ESPIRITUAL
+ VIAJE PSÍQUICO

✳ **Color** Verde oliva vítreo

◉ **Origen** República Checa

◑ **Chacras** Todos, en particular, tercer ojo
+ corazón

♡ **Cuidados** Intensos, sé cuidadoso
al guardarla

◊ **Limpieza con agua** ☒ S ☐ N

MAGIA De todos los minerales «modernos» (es decir, de popularidad renovada), la moldavita es el que se considera más místico. Literalmente infundida con otros minerales del espacio exterior, se formó cuando un enorme meteorito chocó contra nuestro planeta hace 15 millones de años. Estos trocitos de vidrio espacial son conocidos por sus intensísimas vibraciones, además de su insólita capacidad pasa desaparecer misteriosamente y reaparecer a voluntad. Muchas personas afirman experimentar su primera reacción física a los cristales al tocar una pieza de moldavita: apertura del corazón, cosquilleo en el cuerpo y aturdimiento. Es un cristal con el que hay que trabajar con mucha intención para evitar una sobredosis energética. Empieza con sesiones cortas: sujeta la moldavita en las manos, o colócala sobre la parte del cuerpo donde te guíe (si no estás seguro, empieza con el chacra del corazón), y deja que ejerza su magia de rápida acción en tu sistema de energía. Si te sientes aturdido tras pasar un rato manipulando moldavita, toma tierra pisando un suelo natural. La moldavita puede ser una gran adición para tu caja de cristales de energía, o sea que si este cristal te llama, ¡acude dispuesto a explorar más allá de los límites de tu sistema solar personal!

NOTAS Las moldavitas son «tectitas», una variedad de vidrio. Se cree que la roca terrestre se fundió con el impacto de un meteorito contra la Tierra, y se enfrió rápidamente formando estos trocitos de vidrio (aunque los científicos siguen debatiendo el origen exacto de las tectitas). La moldavita puede tallarse como gema, aunque suele mantenerse en su forma natural por su singular aspecto. Ten en cuenta que son comunes las piedras falsas.

Morganita

LÍMITES AMABLES + AUTOCUIDADOS + AMISTAD

Color Tonos de rosa pastel

Origen Brasil, Madagascar, Afganistán, EE. UU.

Chacra Corazón

Limpieza con agua ☒ S ☐ N

MAGIA La morganita, dulce como un melocotón, es una piedra encantadora y mimosa para el corazón. Este gentil cristal te envuelve con un cálido abrazo lleno de cariño. Te ayuda a aceptar para ti solo lo mejor cuando se trata de asuntos del corazón. Mereces que absolutamente toda persona te trate con afecto y respeto –en serio, el cien por cien de las personas que están en tu vida, ¡bombón!– y la morganita te ayuda con ternura a recordar esta poderosa verdad, y te empodera para que te relaciones solo con aquellos que se te acercan con buenas intenciones. ***Los límites son una importante forma de cuidarse y quererse a sí mismo***. Permite que la morganita te ayude a fortalecer los límites de tu corazón para que solo dejes entrar vibraciones amorosas de verdad. Este cristal es ideal para regalarse entre amigos, y es una piedra perfecta para regalarte cuando tu corazoncito necesite cuidados y protección, especialmente tras una ruptura sentimental. Esta bonita gema, idónea para comprometerse al amor para siempre basado en el respeto y el cariño, se está convirtiendo en una de las opciones más populares para los anillos de compromiso. El mantra de la morganita: ***«Merezco que todas las personas de mi vida me traten con amor y respeto»***.

NOTAS La variedad rosa del berilo, la morganita, es un cristal hermano de la esmeralda y la aguamarina que a veces se vende con el nombre de esmeralda rosa o berilo rosa. Se identificó por primera vez en 1910, en Madagascar, y la bautizó la empresa Tiffany en homenaje al rico empresario industrial (y apasionado coleccionista de gemas) J. P. Morgan.

Ónice

FUERZA + PROTECCIÓN + CALMA LA ANSIEDAD

✳ **Color** Negro con franjas blancas, grises o marrones

⚲ **Origen** India, Perú, México, Brasil

⚘ **Chacra** Raíz

💧 **Limpieza con agua** ☒ S ☐ N

MAGIA El ónice es un cristal empleado desde tiempos remotos para fortalecer el alma, y los soldados romanos también lo llevaban para conservar la fuerza en el campo de batalla. Añade el ónice a tu colección de cristales para que te ayude a mantenerte firme y estable cuando la vida se tambalee. Este denso cristal ayuda a acallar el parloteo interior, la preocupación, ansiedad y miedo. Pon uno debajo de la almohada si te cuesta dormir y para evitar las pesadillas que se nutren de la ansiedad. Es una piedra ideal para calmar la hiperactividad y ansiedad infantil. Su nombre procede de la palabra griega que significa uña, «ónyx», en referencia al (extraño) mito griego que explica que Eros (dios del amor y el sexo) como travesura cortó las uñas de Afrodita (su madre y diosa del amor) con una punta de lanza mientras ella dormía. Los trocitos de uña cayeron al fondo de un río y, dado que nada que proceda de una deidad se pudre, se convirtieron en piedras negras = ónice. El ónice negro suele obtenerse artificialmente tiñendo calcedonia, de modo que si no notas vibraciones con piedras alteradas, recomiendo que recurras a otra piedra negra de propiedades similares (a menos que cuentes con un proveedor de confianza). Prueba con turmalina, hematites, obsidiana, azabache, shungita.

NOTAS El ónice y el ágata son en esencia el mismo mineral (calcedonia) con diferentes tipos de franjas: curvadas en el ágata, paralelas en el ónice. Otras variedades de ónice son la cornalina ónice (blanca con franjas rojas) y el sardónice (blanco con franjas marrones). El «ónice» de colores más claros que se comercializa en construcción (encimeras, por ejemplo) suele ser calcita o alabastro, de modo que carece de las propiedades energéticas del ónice.

Ópalo

VERDE / ROSA / AZUL

SANACIÓN DEL CORAZÓN + ENERGÍA FRESCA + INSPIRADOR

✳ **Colores** Verde vivo, rosa, azul
🜲 **Origen** Perú, Madagascar
♋ **Chacra** Corazón
💧 **Limpieza con agua** ☒ S ☐ N

MAGIA ¿Sabes cuando algo dulce te anima para seguir adelante con energía renovada? Para mí, estos ópalos ejercen un efecto vivificante similar, especialmente con los asuntos del amor: ¡son como caramelitos para el chacra del corazón! Aunque estas piedras no muestran los destellos coloridos de sus conocidas hermanas (los ópalos nobles o «preciosos»), son unos dulces que merecen un lugar en tu colección, y son mucho más asequibles. Una bonita manera de trabajar con ellos consiste en colocar uno de cada color

en tu pecho (chacra del corazón) durante 5 minutos, mientras respiras tranquilamente y recargas pilas. No tienes que «hacer» nada: solo deja que los cristalitos hagan su magia. Procesamos tantas cosas con el chacra del corazón que este apoyo cristalino es siempre bienvenido.

NOTAS Estas coloridas variedades de «ópalo común» no contienen el brillo iridiscente. Suelen venderse como piedras rodadas, a veces con el nombre de ópalo andino o peruano. Algunas variedades de ópalo verde se llaman ópalo prasio u ópalo crisoprasa, por su parecido con la crisoprasa. Los ópalos son piedras de nacimiento del mes de octubre (el blanco es tradicional, ¡pero los de colores son divertidos!).

Ópalo

BLANCO

MISTICISMO + ACEPTAR LO DESCONOCIDO + INTUICIÓN

✳ **Color** Blanco opaco + iridiscencia interior

⌀ **Origen** Australia, Etiopía

🪷 **Chacra** Tercer ojo

💧 **Limpieza con agua** ☒ S ☐ N

MAGIA Esta misteriosa piedra esconde destellos iridiscentes en sus profundidades lechosas; para encontrarlos, solo hay que moverla levemente y ver cómo surgen danzando de su opacidad blanca los brillos del arcoíris. *Mover + Mirar + Creer = MAGIA*. El ópalo te ayuda a acordarte siempre de ver más allá de lo superficial. Mira en lo profundo, mira más de cerca: a las personas, los lugares, las ideas y tu interior. Es un talismán valorado desde tiempos remotos, una piedra del espacio intermedio entre la luz y la oscuridad, el día y la noche, lo conocido y lo desconocido. *La magia se produce con mayor intensidad en los espacios intermedios*. El ópalo no te permitirá ser «espiritualmente perezoso», de modo que es para ti solo si estás dispuesto a comprometerte a llevar a cabo un trabajo espiritual en profundidad, y compleméntalo con una piedra de arraigo si sientes que en su presencia te aturde. Se trata de una piedra poderosa para los que creen en la magia y la practican, todos los que saben que el misterio aguarda a la vuelta de cualquier esquina, que la magia es algo real y que la «realidad» no es solo lo que se ve a primera vista.

NOTAS Los ópalos contienen ente un 3 y un 10 por ciento de agua, no son piedras cristalizadas y se forman muy lentamente, a lo largo de miles de años, a partir de gel de sílice. Se encuentran en todo el mundo en muchos colores, solo las tres variedades «preciosas» –blanca, negra y fuego– presentan los destellos iridiscentes o juego de color. Como el ópalo blanco solo posee la dureza del vidrio, las gemas suelen someterse a una estabilización, y son populares las sintéticas (nota: la opalita es vidrio fabricado por el hombre). Los ópalos son piedras de nacimiento modernas del mes de octubre.

Calcopirita

DIVERSIÓN + EXPLORACIÓN + NIÑO INTERIOR

✳ **Color** Tonos multicolores metálicos

◉ **Origen** EE. UU., China, México

❀ **Chacras** Todos

♡ **Cuidados** Se oxida con el agua

◌ **Limpieza con agua** ☐ S ☒ N

MAGIA *Despreocupada*. También llamada pavo real mineral por su colorido similar a las plumas de esta ave, la calcopirita suele ser la primera piedra que eligen los pequeños coleccionistas (¡los niños!) en la tienda de minerales. La atracción que ejerce sobre ellos este cristal multicolor va más allá de su impactante brillo superficial, ya que encapsula energías de diversión desenfadada, juego y exploración: justo lo que los niños personifican a la perfección por naturaleza, y algo que la mayoría de adultos deberíamos priorizar más. ¿Recuerdas qué bien te sentías al saltar en un charco, ensuciarte con pintura, jugar a los disfraces y en general vivir la vida sin preocuparte de lo que se consideraba

«normal» o «guay»? No hace falta ir a un festival para desmelenarte y experimentar esta libertad de la infancia (además, esta energía merece más que tan solo unas horas de tu tiempo), porque la calcopirita te ayuda a conectar con tu niño interior y aportar la sensación de juego creativo a tu vida. Los destellos iridiscentes de esta piedra son técnicamente «impurezas» (que deslustran los metales cobrizos), o sea que cuando veas la piedra, acuérdate de este bonito mantra: *«Es positivo jugar y ensuciarse: ¡ahí radica la magia de colores!»*.

NOTAS La bornita, igual que la calcopirita, también recibe el nombre de pavo real mineral, ya que puede presentar los mismos destellos iridiscentes. Este colorido se debe a una oxidación superficial del cobre, y las piedras tratadas con ácido para acentuar este efecto son económicas. La calcopirita contiene cobre y azufre, por lo que hay que evitar llevársela a la boca.

Perla

TRANSFORMACIÓN + PROTECCIÓN + MAGIA DE LUNA + FERTILIDAD

✳ **Colores** Diversas iridiscencias de tonos pastel

🌀 **Origen** Todo el mundo

🐚 **Chacra** Corazón

💧 **Limpieza con agua** ☒ S ☐ N

MAGIA Aunque no se trate de un mineral ni un cristal, las perlas se encuentran entre las gemas más veneradas y queridas desde antaño en todo el mundo, de modo que merecen aparecer en nuestro catálogo. Las perlas son la única gema formada por un ser vivo. Primero, un «invasor» (por lo general un granito de arena o un diminuto parásito) entra en la concha de un molusco. Entonces el molusco se protege recubriendo el objeto extraño con capas y capas de una sustancia sedosa que con el tiempo endurece y se convierte en una reluciente perla irisada. *Transformación*. Las perlas son bellos recordatorios de que las situaciones más difíciles de la vida son las que se convierten en nuestro lado más luminoso y precioso: solo hace falta tiempo y trabajo espiritual para transformar los retos en fulgor sin precio. La perla es una gema protectora: ponte joyas con perlas para permanecer en su burbuja resguardada en tu día a día. Históricamente considerada un símbolo de amor y fertilidad, también es capaz de reunir la poderosa magia de la luna: deja tu perla toda la noche a la luz de la luna nueva o llena, con la intención de que tus problemas se transformen con esa iluminación.

NOTAS Como las perlas «naturales» (formadas sin la ayuda del hombre) son extremadamente raras, la mayoría son «cultivadas», es decir, creadas por el hombre. Las perlas se forman en agua dulce o salada, y en una amplia variedad de colores. La *madreperla* y el *abulón* son conchas nacaradas. Las perlas de imitación son muy comunes; para comprobar si una es natural o cultivada, y no falsa, frótala levemente contra un diente. Sensación arenosa = perla natural / cultivada; suave = imitación. Las perlas son una gema de nacimiento moderna para el mes de junio.

Peridoto

LÍMITES SÓLIDOS + AUTOESTIMA + CLARIDAD
+ ABUNDANCIA

✳ **Color** Verde lima

🜚 **Origen** Arizona (EE. UU.), Birmania, Pakistán

🜚 **Chacras** Plexo solar, corazón, tercer ojo

○ **Limpieza con agua** ☒ S ☐ N

MAGIA El peridoto es una gema de individualismo, límites sólidos y autoestima sana. Este cristal con frecuencia atrae a las personas que «van a lo suyo», inconformistas, rebeldes, rompedores de fronteras. El peridoto te anima a fijar límites y desarrollar la capacidad de mantenerte firme en tus elecciones, incluso cuando van contra la norma. *Tú te haces a ti mismo.* A menudo se encuentra en zonas de actividad volcánica y se le asocia con Pele, la feroz diosa hawaiana del fuego y los volcanes. Del mismo modo que estas fuerzas de la naturaleza arrasan con todo a su paso, el peridoto te ayuda a librarte de energías que te frenan, como celos, inseguridad e indecisión. Pon el cristal sobre tu cuerpo, allá donde sientas que precisas claridad y energía nueva. Ten en cuenta que este cristal puede acentuar la terquedad, por tanto, si tiendes a ella, debes prestar atención y mantener la mente abierta (especialmente al llevar joyas con peridoto). Considerada antiguamente una piedra de la suerte, el peridoto ayuda a dar con un flujo de abundancia gracias a su poder limpiador: ¡primero hay que deshacerse de lo viejo para dejar espacio a lo nuevo!

NOTAS El peridoto es la forma con calidad de gema del mineral olivino, y se encuentra disponible principalmente como piedrecitas rodadas y cabujones de gema tallada. Se considera una piedra de nacimiento moderna para agosto.

Prehnita

EXTRATERRESTRE + FUTURISTA + SOLUCIÓN DE PROBLEMAS + ALCALINIZANTE

✴ **Color** Verde lima opaco

◉ **Origen** China, Australia

❧ **Chacras** Plexo solar, tercer ojo

♡ **Cuidados** Puede ser demasiado intensa para el dormitorio

◊ **Limpieza con agua** ☒ S ☐ N

MAGIA La prehnita posee una especie de vibración de otro mundo, por eso, si sientes inclinación hacia lo extraterrestre –alienígenas, ovnis, los fascinantes pleyadianos– la prehnita te parecerá interesante para tu colección. Medita con una sobre el tercer ojo (entre las cejas) para captar transmisiones y comunicaciones de otros mundos, y para cambiar tu vibración a una frecuencia donde el contacto sea más plausible. Este cristal, que también posee la energía del hemisferio izquierdo cerebral, para la resolución de problemas, es ideal cuando se realizan actividades analíticas, desde los deberes de

ciencias hasta la declaración de la renta. La prehnita es útil para el sistema digestivo –a mí me gusta pensar que es como un vaso de agua con lima alcalinizante en forma de cristal–, porque posee una forma de energía limpiadora del plexo solar. Ponte una sobre el chacra del plexo solar (barriga) cuando desees un extra de ligereza y frescor para tu salud y tu alma.

NOTAS La prehnita cristaliza en agregados globulares opacos, y se comercializa en forma de piedras rodadas y cuentas talladas. En China (la principal fuente actual), se la denomina «uva de jade» debido a su forma. Es lo bastante dura como para tallarla, y hasta hace poco se consideraba un mineral de colección raro, pero los nuevos yacimientos la hacen ahora asequible. También se encuentra en tonos pardos y amarillos, además de verdes. Son muy comunes las que presentan «hilos» de rutilo negro incrustado, que les aporta energía para el arraigo.

Rodocrosita

FEMINEIDAD DIVINA + AMOR MATERNAL + SANACIÓN DEL CORAZÓN

✳ **Colores** Ondulaciones blancas y
rosa frambuesa

◉ **Origen** Argentina, Colorado (EE. UU.)

🪷 **Chacra** Corazón

💧 **Limpieza con agua** ☒ S ☐ N

MAGIA *Eres amado incondicionalmente.*
Con elegantes bandas onduladas blancas y
rosadas, es como una rosa que se abre en
forma de cristal. Bautizada con la palabra que
designa el color rosa en griego antiguo, esta
piedra posee una potente energía de amor
divinamente incondicional, similar a la energía
que representan muchas figuras sagradas,
como la Virgen María, que suelen simbolizarse
con una rosa. Este cristal rosado es un apoyo
perfecto cuando necesitas amor maternal: sin
juzgar, incondicional. Sujeta la rodocrosita
junto al corazón (o sobre el pecho mientras
te tumbas), y siente el abrazo más dulce
y seguro imaginable. Nota la esencia de la
maternidad divina (signifique lo que signifique
eso para ti) rodeándote, queriéndote,
susurrándote: *«Cariño, deja que se ablanden
los muros de tu corazón. Me tienes siempre
aquí contigo, estás seguro. Siéntete querido,
divina e incondicionalmente»*. Déjate abrazar.
Déjate cuidar. Déjate querer mucho.
(P.D.: no te sorprendas si de repente percibes
la inconfundible fragancia de las rosas al sanar
con rodocrosita.)

NOTAS La rodocrosita se confunde a
menudo con su hermana, la rodonita, debido
a sus nombres y colorido parecidos. Para
diferenciarlas con facilidad, recuerda que
la rodocrosita rara vez presenta inclusiones
negras, mientras que la rodonita casi siempre
las posee. La rodocrosita se encuentra
en forma de ejemplares pulidos y piedras
rodadas, y las cristalizadas son raras y caras.

Rubí

ARRAIGO + PROTECCIÓN + ABUNDANCIA + PASIÓN

✳ **Color** Tonos de rojo

⟳ **Origen** Birmania, Sri Lanka, África Oriental

♋ **Chacras** Raíz, sacro, corazón

💧 **Limpieza con agua** ☒ S ☐ N

MAGIA Los rubíes se cuentan entre las gemas más estimadas por el hombre. Valoradas por los antiguos guerreros, alquimistas del Renacimiento o los astrólogos védicos de hoy, han sido valorados a lo largo de la historia por su combinación de belleza física e intensa magia metafísica. Son cristales enormemente poderosos para arraigar y proteger, y se asocian a los dos chacras más bajos para ayudar a limpiar de asuntos relacionados con la valía personal, la escasez y la supervivencia –asuntos que todos tenemos pendientes en *abundancia* en la actualidad–. Pasa un tiempo con un rubí colocado justo bajo el coxis (entre los muslos) para que te ayude a deshacerte de viejos patrones y energías estancadas (meditar o dormir con el rubí es otra buena manera de integrar su magia). Este cristal de color sangre es además ideal para animar todas las facetas de tu vida amorosa: lleva uno cerca del corazón para avivar el sentimiento amoroso (¡métetelo en el sujetador!), y pon un rubí debajo del colchón para encender el fuego de la pasión en el dormitorio. Para atraer riqueza, pon este cristal en lugares que relaciones con el dinero: ¡nada como abrir el monedero y ver un pequeño rubí repiqueteando para sentirse como un potentado!

NOTAS El rubí es una forma del mineral corindón (el zafiro es su hermana de color azul), y los de calidad gema son caros, pero es fácil encontrarlo como piedra rodada asequible. Los cristales hexagonales naturales con frecuencia incluyen manchas de turmalina negra, que aporta energía de arraigo adicional, y las marcas triangulares transforman la piedra en un *rubí archivador* (en la foto), del cual se dice que contiene sabiduría metafísica ancestral. El rubí es una piedra de nacimiento moderna del mes de julio.

Rubí con fucsita / cianita / zoisita

SALUD NATURAL + EMOCIONES ARRAIGADAS + COMUNICACIÓN HONESTA

✳ **Colores** Véase más abajo

◎ **Origen** India

♨ **Chacras** Corazón, garganta, raíz

◊ **Limpieza con agua** ☒ S ☐ N

MAGIA Es común que el rubí se forme mezclado con tres minerales: fucsita verde, zoisita verde y cianita azul. Estas variedades de combinación son fáciles de encontrar como piedras pulidas, cada una con su magia especial.

Fucsita con rubí *(rubí rodeado por un anillo blanco de mica [y a menudo una pequeña franja de cianita azul], encapsulado en fucsita verde):* cristal del corazón conectado con la curación holística, la naturaleza y el mundo elemental de las hadas. La fucsita con rubí ayuda a abrir el corazón a la sabiduría y la sanación que contienen las plantas y el mundo natural (y a la vez te mantiene arraigado para no quedar «flotando» en un mundo de fantasía).

Cianita con rubí *(rubí mezclado con cianita azul):* la cianita es una piedra de comunicación sana y verdadera. Este cristal del chacra de la garganta / raíz ayuda a mantener el arraigo mientras comunicas tu verdad con claridad, valentía y poder. Es la combinación más rara.

Zoisita rubí *(rubí encapsulado en zoisita verde salpicado de anfíbol negro):* cristal del chacra del corazón / raíz que ayuda a arraigar las emociones en el presente, es decir, ayuda a ser sincero, realista y veraz sobre lo que *realmente* ocurre, y no encallarte en juegos mentales (especialmente en lo concerniente a las relaciones y el sexo). También se denomina aniolita.

NOTAS En las fotos (de arriba abajo): fucsita con rubí, zoisita rubí, cianita con rubí.

Zafiro

AZUL

SABIDURÍA + CONCIENCIA SOCIAL + LEALTAD + PENSAMIENTO GLOBAL

✳ **Color** Azul oscuro

◎ **Origen** Australia, Madagascar, Sri Lanka, Kenia

⬨ **Chacras** Tercer ojo, garganta, corazón

◌ **Limpieza con agua** ☒ S ☐ N

MAGIA *Haz lo correcto*. Reverenciada como la «piedra de la sabiduría» desde la Antigüedad, el zafiro azul ayuda a conectar con el yo elevado, la empatía interior que contempla la situación y actúa desde una perspectiva global; en otras palabras, la parte de ti que toma las mejores decisiones para *todos* los implicados. En nuestra época, el zafiro se asocia con Lady Di, dada su predilección por este cristal, elegido para su anillo de compromiso. Es lógico que le atrajera el zafiro, dado que es un aliado de personas humanitarias, altruistas, filántropos y benefactores de toda clase, desde héroes locales hasta iconos mundiales como Diana de Gales, la Princesa del Pueblo. El zafiro te ayuda a sentir compasión, empoderar tu mejor yo y controlar los pensamientos de miras estrechas que se alimentan del miedo. *Sé el cambio que deseas ver en el mundo*.

NOTAS El zafiro azul es la forma azul del corindón, que se presenta en diversos colores, todos considerados variedades de zafiro, excepto uno: el rubí rojo. Cada variedad posee diferentes resonancias energéticas según su color. El azul es la más conocida, y se encuentra en forma de piedras rodadas asequibles hasta gemas valiosísimas. Es zafiro es una piedra de nacimiento moderna del mes de septiembre.

Escolecita

PROTECCIÓN EMPÁTICA + PAZ INTERIOR + LIBERACIÓN DE ATADURAS / ANSIEDADES

✳ **Colores** De blanco translúcido a opaco

◉ **Origen** India, Islandia, Brasil

❀ **Chacras** Corona, tercer ojo, corazón

◇ **Limpieza con agua** ☐ S ☒ N

MAGIA La escolecita ayuda a proteger el espacio propio. Las piedras rodadas se asemejan a pequeñas almohadas, y como tales, actúan como parachoques cristalinos para salvaguardar de energías abrumadoras. Te encantará la escolecita si eres una persona empática, es decir, profundamente sensible a las energías y emociones de los demás (y estoy segura de que el 99,9 por ciento de los lectores del presente libro lo sois). Es importantísimo proteger tu energía y límites, por lo que recomiendo que añadas esta piedra a tu colección para regalarte esta capacidad de rodearte de una barricada protectora. La escolecita protege tu espacio para que

tú solo te preocupes de *SER*. Te ayuda a librarte del apego a los resultados deseados y adoptar un estado de aceptación calmada, que mágicamente deja lugar para que se manifieste lo que es verdaderamente mejor para ti. Es maravillosa para calmar la ansiedad y las mentes demasiado activas; un cristal ideal para ponerlo cerca de la cama (en la mesilla de noche / debajo de la almohada / metida bajo el colchón) para un sueño profundo y sosegado.

NOTAS La escolecita pertenece a la familia mineral de las zeolitas, un grupo de más de 40 silicatos que contienen agua (la estilbita y la tanzanita son las otras zeolitas que aparecen en este libro). Forma finos agregados prismáticos, además de formas masivas que se dividen y se pulen para obtener piedrecitas rodadas. La escolecita es piroeléctrica y piezoeléctrica.

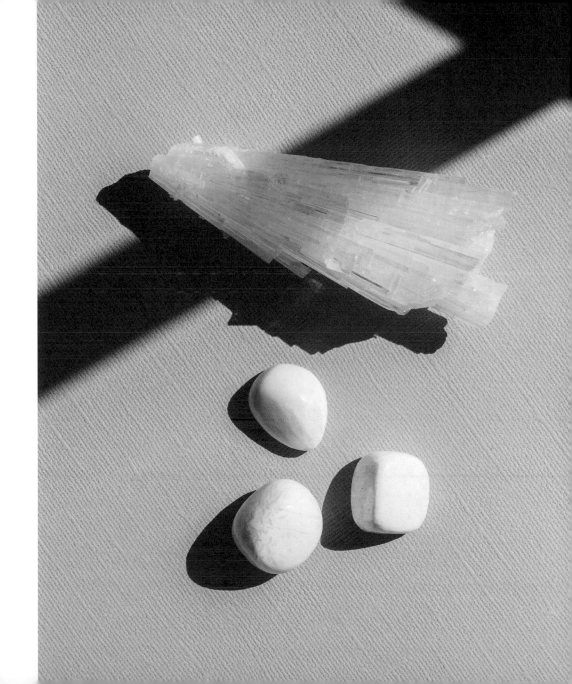

Serpentina

LIBERACIÓN DEL MIEDO AL CAMBIO + SANACIÓN NATURAL + VIAJES

⊛ **Colores** Tonos de verde opaco

◉ **Origen** EE. UU., Brasil, Sudáfrica

◈ **Chacras** Plexo solar, corazón

💧 **Limpieza con agua** ☒ S ☐ N

MAGIA *El cambio es la única constante*. La sedosa serpentina vibra con la magia de la tierra, del mundo natural y del incesante ir y venir del cambio. Su nombre hace referencia a su parecido visual y táctil al ceroso frescor de la piel de serpiente, y es una roca que se aprecia en todo el mundo desde tiempos remotos. Las serpientes son potentes tótems animales que simbolizan el cambio, el renacimiento y la liberación de lo viejo para dar lugar a lo nuevo. La serpentina te ayuda a soltar miedos y resistencias cuando te encuentras en períodos de grandes transiciones, es decir, cuando te desprendes de patrones de energía caducos, que ya no resultan útiles. Liberarte de tu vieja «piel» y renacer en una versión mejorada puede

conllevar vulnerabilidad, y la serpentina te proporcionará el apoyo necesario. Las serpientes también simbolizan el cordón umbilical que conecta a los humanos con la Madre Tierra: coloca serpentina en las cuatro esquinas de tu hogar para conectar con los espíritus naturales del lugar donde está construida tu casa (¡se pondrán muy contentos!). También se considera un talismán de protección: llévala cuando viajes para conectar con las energías de los lugares que visitas, y te ayudará a sentirte más arraigado y cómodo allá donde vayas.

NOTAS El término «serpentina» se refiere técnicamente tanto a la familia de minerales como a la variedad específica descrita aquí. *Serpentina preciosa / noble* es el nombre que se da a una serpentina de mayor calidad (su nombre comercial es Healerite™). La serpentina se vende a veces engañosamente como jade, con diversos nombres, como nuevo jade, jade coreano y jade limón.

Plata

PROTECCIÓN + INTUICIÓN + MAGIA DE LUNA
+ FEMINIDAD DIVINA

✳ **Color** Gris plateado metálico

⬙ **Origen** Todo el mundo

⬙ **Chacras** Corona, corazón, tercer ojo

💧 **Limpieza con agua** ☐ S ☒ N

MAGIA En astrología, tu signo lunar (la posición de la luna en el cielo en el momento en que naciste) representa tu mundo interior: tus emociones, estados de ánimo, sentimientos más profundos. La plata, el «metal lunar», posee una vibración similar a la que representan los signos lunares, ya que este mineral también está profundamente conectado con las emociones, la intuición y el conocimiento interior. Asociada desde la Antigüedad con la energía femenina y multitud de diosas, las joyas de plata a menudo llaman a personas introvertidas y almas sensibles, ya que crean una amable energía envolvente y protectora mientras tú te dedicas a tu quehacer diario –en un espacio personal seguro–. Cuando te pongas tus joyas de plata por la mañana, pronuncia este mantra para conectar con su poder de protección: *«Estoy seguro y protegido»*, e imagínate rodeado por una burbuja plateada como la luna con energía que brilla, cuando necesites reconectar con la magia de este metal. Deja las joyas toda la noche en un lugar donde les dé la luz de la luna (los alféizares interiores son perfectos) una vez al mes para limpiarlas y recargarlas de energía. La plata es también un talismán de fertilidad y maternidad.

NOTAS Entre los metales preciosos, la plata pura es un mineral blando, por eso se combina (en aleación) con otros minerales para aumentar su durabilidad como joya u otros objetos. La «plata de ley» o «925» es la mezcla estándar = 92,5 por ciento de plata pura + 7,5 por ciento de otros minerales (habitualmente cobre). El contenido en cobre es el que causa el ennegrecimiento de la plata, ya que se vuelve verde al exponerlo al agua.

Sodalita

TU YO REAL + DECIR LA VERDAD + INTUICIÓN

✳ **Colores** Azul oscuro + blanco
⌀ **Origen** Brasil, India
♒ **Chacras** Garganta, tercer ojo
◌ **Limpieza con agua** ☒ S ☐ N

MAGIA La sodalita se confunde fácilmente con el lapislázuli (y los vendedores sin escrúpulos la venden como tal). Ambas son de color azul oscuro, y ambas vibran principalmente con los chacras del tercer ojo y la garganta. Aunque son muy diferentes: a mí me gusta describir la sodalita como la «hermana pequeña» del lapislázuli, dado que ella es mucho menos intensa energéticamente. Pero a veces menos intensidad es exactamente la medicina que requiere una situación: demasiada energía puede resultar abrumadora y contraproducente para sanar. *Menos puede ser más*. Si te atrae esta piedra, medita colocándola sobre tu tercer ojo (entre las cejas) para iniciar el contacto con tu mundo interior, tu «yo real». Si te está costando decidir cómo deseas presentarte ante el mundo, o decir la verdad con valentía, recurre a esta bella piedra: colócala sobre la garganta para ayudarte a dar con tu voz verdadera y valiente.

NOTAS La sodalita casi siempre se forma como masa no cristalizada, y se vende en variedad de formas pulidas. A menudo se hace pasar por lapislázuli (más raro y más caro), pero se distingue de él de tres maneras: la sodalita suele presentar más cantidad de blanco; no posee las motas doradas de pirita del lapislázuli (en especial el de mayor calidad); y a menudo es de un tono azul menos intenso que el lapislázuli (en especial, también, del de más calidad).

Estilbita

ABRIR EL CORAZÓN + CALMAR + CUIDAR

- ✳ **Colores** Melocotón, rosa claro, crema
- ✺ **Origen** India
- ✽ **Chacras** Corazón, corona
- 💧 **Limpieza con agua** ☒ S ☐ N

MAGIA Este es un cristal gentil, que abre tu corazón. No «mueve» energías, como hacen muchos cristales, sino que crea una apacible burbuja de energía sosegada alrededor de personas y lugares, y deja espacio para que cada uno sea él mismo. *Eres suficiente*. La estilbita acostumbra a formar asombrosos agregados con otros minerales, como la apofilita transparente y la calcedonia azul / verde. La apofilita (el «purificador de aire» del reino de los cristales), es potente para limpiar la energía, por eso los agregados de estilbita + apofilita mantienen los espacios frescos, relucientes y con buenas vibraciones. La calcedonia es uno de los cristales más calmantes, por lo que los agregados de estilbita + calcedonia ayudan a crear un ambiente supercalmante y zen. Un agregado de estilbita en el dormitorio propicia el descanso sosegado y dulces sueños, si bien es un cristal útil para cualquier habitación de la casa.

NOTAS La estilbita pertenece a la familia mineral de las zeolitas, un grupo de más de 40 silicatos que contienen agua (la escolecita y la tanzanita son las otras zeolitas que aparecen en este libro). Se extrae principalmente para uso industrial. El mineral *heulandita* es casi idéntico a la estilbita (se consideraban el mismo hasta 1818), y comparten propiedades energéticas similares. La estilbita cristaliza en formas singulares, como agregados globulares, abanicos y lazos, y es común encontrarla como piedra rodada.

Piedra sol

CONFIANZA + CREATIVIDAD + MANIFESTACIÓN

✳ **Colores** Naranja / rojo / pardo rutilantes

⌖ **Origen** EE. UU., Noruega, India, Canadá

♋ **Chacras** Sacro, plexo solar

💧 **Limpieza con agua** ☒ S ☐ N

MAGIA No sentí conexión con esta piedra hasta que observé una bajo la luz del sol y me fascinaron sus brillos en tecnicolor surgidos del interior. Un poco de luz solar basta para que exhiba su magia. Como todos nosotros: solo necesitamos un poco de aliento –¡un poco de luz solar!– para sacar nuestros dones. A modo de fantástico mentor, la piedra sol te recuerda que *toda la magia que necesitas ya está dentro de ti*. Este cristal del sacro / plexo solar favorece la conexión con tu creatividad y confianza, y te empodera para que tu luz interior brille. Deja de esconderte en la sombra, porque el mundo precisa tu magia más que nunca. Este es un cristal perfecto para llevarlo en el sujetador / bolsillo / bolso, los días en que necesites ánimos. Deja que la piedra sol te ayude a resplandecer con valentía, ¡y comparte tu magia única con el mundo!

NOTAS La piedra sol es una variedad de feldespato con diminutas inclusiones centelleantes, con frecuencia de hematites y goethita (la *piedra sol Oregón* contiene cobre). Merece la pena conseguir una piedra de calidad porque los destellos interiores son más visibles. Las variedades tipo *celosía arcoíris* –asombrosa, ¡busca imágenes!– parecen contener hilos de purpurina multicolor. La piedra sol también se vende con el nombre de feldespato de aventurina.

Tanzanita

PROPÓSITO DEL ALMA + VISIÓN + CLARIDAD INTERIOR

✳ **Color** Azul violáceo

◈ **Origen** Tanzania

♒ **Chacras** Tercer ojo, garganta, corona

◌ **Limpieza con agua** ☒ S ☐ N

MAGIA *Claridad honesta*. Originaria de las laderas del majestuoso Kilimanjaro, la tanzanita limpia la energía de los chacras del tercer ojo, garganta y corona, para que veas cristalinas las respuestas a las grandes preguntas: «¿Quién soy? ¿Por qué estoy aquí? ¿Qué debería hacer con mi preciosa vida?». Posee una energía similar a la de la iolita, otro cristal azul violáceo que también arroja luz sobre los asuntos del Porqué Interior, pero la tanzanita presenta la magia adicional de ser dicroica, que significa que sus tonos violetas cambian cuando se observan desde diferentes ángulos. Lleva esta gema como joya (o ten una cerca) para mantenerte en línea con la misión más elevada de tu alma, y fiel a tu intuición (que siempre es sabia). Cuando te sientas confuso y dudes sobre cuál será el siguiente paso, pregunta a la tanzanita y siéntate para que afloren las respuestas.

NOTAS La tanzanita, una de las gemas más raras, es un cristal muy «joven», descubierto en 1967 cuando un incendio barrió una gran área de las laderas del Kilimanjaro. Como la tanzanita es de color rojo parduzco en su estado natural, había pasado desapercibida, pero tras el fuego, la tierra quedó decorada con brillantes piedras azules, ya que la tanzanita se vuelve azul al exponerla al calor (todas se someten a un tratamiento térmico). La tanzanita pertenece a la familia mineral de las zeolitas, y fue bautizada por la empresa Tiffany, en homenaje al lugar de origen del cristal. Se considera una piedra de nacimiento moderna para diciembre.

Topacio

NOBLEZA + YO SUPERIOR + ALTA VIBRACIÓN

✳ **Colores** Azul, naranja, amarillo, transparente, marrón, rosa, verde

⊘ **Origen** Brasil, Rusia, Pakistán, Myanmar

� **Chacras** Varían según el color

♡ **Cuidados** Empalidece con la luz directa del sol

◌ **Limpieza con agua** ☒ S ☐ N

MAGIA *Sé noble*. El topacio es una gema que vibra con una energía muy particular, «noble». Noble = de principios morales e ideales elevados, es decir, el tipo de persona que decide hacer lo correcto en cada ocasión. Pon la otra mejilla / trata a los demás como quieras que te traten a ti / sé tú el cambio que desees ver en el mundo = Noble. Cada color de esta gema posee su particular resonancia. El topacio azul / verde ayuda a usar la *palabras* con nobleza, para que te comuniques con la vibración más elevada posible. El topacio dorado / naranja / amarillo / marrón ayuda a emplear las *acciones* con nobleza, para crear, compartir y actuar desde la generosidad y la iluminación. El rosa ayuda a *amar* con nobleza, para compartir el corazón con respeto hacia todas las partes. Y el transparente ayuda a utilizar la *presencia* con nobleza, para caminar por la vida con brillantez, gracia, amabilidad y luminosidad. Topacio = te recuerda que elijas siempre el camino noble y te ayuda a vibrar al nivel más elevado.

NOTAS El topacio pertenece al sistema cristalino ortorrómbico, y cristaliza en distintas formas rectangulares. Preciado por su capacidad de crear cristales inusualmente grandes de calidad gema, suele tratarse con calor para potenciar y estabilizar sus colores, dado que el color del topacio natural pierde intensidad con la acción de la luz del sol. *Topacio imperial* es un término que se refiere a piedras de gran calidad de variados colores. El topacio es una piedra de nacimiento moderna del mes de noviembre.

Turmalina
VERDE + ROSA

ALEGRÍA + NIÑO INTERIOR + SANACIÓN DEL CORAZÓN + EQUILIBRIO

⊛ **Colores** Verde + rosa

⊘ **Origen** Brasil, EE. UU., Afganistán, Mozambique

♡ **Chacra** Corazón

◊ **Limpieza con agua** ☒ S ☐ N

MAGIA Las relucientes turmalinas son cristales alegres, ¡todo corazón! Estas gemas poseen una magia irresistible para los que sienten una fuerte conexión con su «niño interior», porque fomentan una curiosidad sincera, carácter juguetón y amor incondicional tierno. Si te notas atrapado en la rutina de tomarte la vida demasiado en serio, ¡hazte con una turmalina verde o rosa y brilla! Nuestros chacras del corazón vibran con el rosa y el verde, por lo que los dos colores de la turmalina son poderosos para sanar corazones, especialmente los que se han roto y han sufrido dolor y traumas en la niñez. Los cristales con ambos colores (bicolores o turmalina sandía) son muy especiales porque equilibran las energías yin + yang de tu interior (femenina + masculina), además de reunir los dos colores del chacra del corazón en una bella piedra. Deja que la magia de la turmalina fluya por todas las pates de tu ser que necesiten una dosis extra de amor.

NOTAS Las turmalinas verdes y rosas son una forma de turmalina elbaíta, que se encuentra en todo el mundo en multitud de colores. Crean largos cristales prismáticos. Sus nombres técnicos son *rubelita* (variedad rosa / roja) y *verdelita* (variedad verde). *Turmalina Paraiba* es un nombre comercial con que se suele designar un tipo de turmalina de gran calidad y saturación cromática. Empezó a emplearse de manera informal para piezas de buenas propiedades procedentes del estado de Paraiba, Brasil, donde se hallaron cristales magníficos a partir de finales de la década de 1980, y ahora se aplica también a turmalinas de otros lugares.

Cuarzo turmalinado

EQUILIBRIO + SANACIÓN DE TRAUMAS + LÍMITES

✳ **Color** Blanco / transparente + negro

⊘ **Origen** Brasil

☼ **Chacras** Corona, raíz

◇ **Limpieza con agua** ☒ S ☐ N

MAGIA *Las experiencias nos hacen crecer.* El cuarzo turmalinado aúna dos poderosos cristales situados en extremos opuestos del espectro energético: la turmalina negra, extraordinaria como guardián de energías y uno de los mejores cristales para el arraigo, y el cuarzo transparente, maestro purificador de energías y transmisor de vibraciones. Esta dualidad hace del cuarzo turmalinado un cristal supercargado para el equilibrio, crecimiento y apoyo emocional. Es fantástico como compañero de meditación. También resulta un apoyo maravilloso cuando uno siente un «detonante», es decir, algo traumático del pasado que se activa en el presente. El detonante te hace sentir de dos posibles maneras: terriblemente enfadado o pasivamente congelado. Cuando eso ocurra, retírate con el cuarzo turmalinado en un lugar tranquilo y seguro. Escucha tu cuerpo: ¿en qué punto sientes el efecto del detonante? Aplica el cristal sobre ese punto y *respira*. Inspira, espira. Deja que el cuarzo turmalinado actúe con su apoyo mágico y cree un espacio seguro a tu alrededor. Estás aquí. En lugar seguro. *Estás sanando.*

NOTAS El cuarzo turmalinado puede ser cuarzo desde transparente a opaco, lleno de mechones o agujas de turmalina negra. Se vende habitualmente como piedra pulida y piedra rodada, y se extrae principalmente en Brasil.

Unakita

SANACIÓN DEL CORAZÓN + APOYO EMPÁTICO + LA NATURALEZA COMO MEDICINA

✴ **Color** Verde + rojo / rosa opacos
◎ **Origen** EE. UU., Sudáfrica
🌿 **Chacra** Corazón
💧 **Limpieza con agua** ☒ S ☐ N

MAGIA Formado a partir de la combinación de epidota verde y feldespato rojo, la unakita reúne los dos colores del chacra del corazón en un amable cristal tónico para el corazón. La unakita es un piedra potente para las personas empáticas, por eso, si sientes que tu corazón se rompe un millón de veces al día con las noticias y tristezas del mundo, puede ser un gran apoyo para no sentirte abrumado. Es una piedra que centra el corazón y resulta ideal para un ritual en el baño: llena la bañera con agua caliente, tus burbujas preferidas y unas gotas de algún aceite esencial con aires de tierra como eucalipto, pino, cedro o incienso. Coloca una piedra negra / gris (turmalina negra o cuarzo ahumado son perfectas) y un cuarzo rosa a tus pies para arraigarte y aportar una vibración de autocuidado. Dispón con cuidado una unakita rodada sobre el chacra del corazón, cierra los ojos e imagina que la unakita es un montoncito de suave musgo que cubre tu corazón como una reconfortante manta protectora. Respira el aroma de los aceites esenciales, nota la calidez del agua acunando todo tu cuerpo, y siéntete seguro y protegido. Mima tu tierno corazón y deja que se renueve con la respiración y las lágrimas.

NOTAS La unakita es técnicamente una «roca» porque se trata de una combinación de varios minerales: epidota, feldespato y, ocasionalmente, cuarzo. Solo se encuentra en forma «masiva» y se vende principalmente como piedrecita rodada y piezas pulidas. Recibe el nombre del sistema montañoso Unaka, en la frontera de los Estados de Carolina del Norte y Tennessee (EE. UU.), donde se identificó en 1874.

Vanadinita

LÍMITES + DISCIPLINA + ENERGÍA

✳ **Colores** Rojo vivo + naranja

◎ **Origen** Marruecos, EE. UU., México

❀ **Chacras** Raíz, sacro, plexo solar

◌ **Limpieza con agua** ☐ S ☒ N

MAGIA *Sálvate antes de naufragar.* Los cristales de vanadinita son hexágonos brillantes de reluciente color rojo. ¿A qué te recuerdan? Vale, ya sé que las señales de stop son octogonales, pero guardan un destacado parecido visual con este cristal que guarda similitudes con esta señal de tráfico, de modo que sigo con mi metáfora. Me explico: todos somos capaces de mantener la concentración para llevar a cabo un trabajo productivo un determinado número de horas al día, ¿verdad? Pero ¿cómo te aseguras de que estás usando tu tiempo y energía limitados para avanzar en tus sueños y objetivos vitales, es decir, el verdadero trabajo que has venido a realizar? *Límites + Estructura = Disciplina para mantenerse en el carril propio.* Como una señal de stop, la vanadinita ayuda a mantener la estructura y los límites –en la vida personal y laboral y, además, es uno de los mejores cristales para la disciplina, de modo que va bien colocarlo en lugares de trabajo: la oficina, escritorio, taller, estudio, etc. Vanadinita = seguir en el carril *propio*, realizar el *propio* trabajo y vivir la vida *propia* (¡al máximo!).

NOTAS Identificada a principios del siglo XIX, los descubridores de la vanadinita quedaron tan impresionados por su singular aspecto que la bautizaron con el nombre de la diosa nórdica de la belleza, Vanadis. Se extrae principalmente para su uso industrial y se forma como pequeños cristales hexagonales, por lo general sobre una matriz rocosa. También se encuentra recubriendo cristales de barita. La vanadinita contiene plomo, por lo que hay que lavarse las manos tras manipularla, y evitar que los niños se la metan en la boca.

Amatista de Veracruz

PEDIR DESEOS + MILAGROS + ALEGRÍA

✳ **Color** Lavanda translúcido

◉ **Origen** Veracruz (México)

❧ **Chacras** Corona, tercer ojo, corazón

♡ **Cuidados** Empalidece con la luz directa del sol

💧 **Limpieza con agua** ☒ S ☐ N

MAGIA Encontrada en una única zona del planeta –las musgosas montañas de Veracruz, en México–, la amatista de Veracruz es apreciada tanto por su esplendoroso fulgor como por su milagrosa vibración. Estos cristales de color lavanda son herramientas para la manifestación que ayudan a hacer realidad tus sueños, porque contienen los poderes transformadores de la amatista potenciados con un poco de magia adicional para cumplir deseos.

RITUAL PARA DESEOS Eleva un cristal de Veracruz a la altura de tu tercer ojo (entre las cejas) e imagina el resultado que deseas. Tómate tu tiempo, respira, no te apresures: estás infundiendo el cristal con tu deseo. Luego, llévatelo a los labios y sopla, como si apagaras las velas de una tarta de cumpleaños. Dispón el cristal en un lugar donde lo veas habitualmente (es ideal para la mesilla de noche). Prepárate para el milagro: cada vez que mires tu Veracruz, recuerda que vives en un universo que bulle con milagros infinitos y momentos mágicos. Pon fe ilimitada y espera gracia ilimitada porque Dios / Diosa / Energía / Universo (el término que prefieras para referirte a tu conexión con la divinidad) siempre te protege –en todo momento, en cualquier lugar y de mil maneras–. Este es el milagro de la vida. Tú eres un milagro. *¡Prepárate para los milagros!*

NOTAS La amatista de Veracruz forma largos cristales translúcidos, a menudo en agregados con múltiples puntas que salen en distintas direcciones. Es una de las amatistas más raras.

GRACIAS

A la **Madre Tierra** por estos sagrados regalos curativos.

A mis **maestros**: me siento más agradecida de lo que soy capaz de expresar con palabras.

A todo el equipo **editorial**: gracias por confiar en mi visión para este libro y ayudarme
tan bellamente a hacerlo realidad.

A **Angela**: la mejor socia creativa para este proyecto que hubiera podido imaginar.
Gracias por tu radiante talento y generosidad.

A las tiendas y artesanos de mi zona que me han ayudado a hacer realidad mi visión
del presente libro, por compartir generosamente cristales relucientes, complementos perfectos
y un espacio lleno de sol: **Kitkitdizzi** (kitkitdizzi.com), **The Sunroom** (thesunroomca.com),
Cult of Gemini (cultofgemini.com), **Luxe Nomad Collective** (luxenomadcollective.com),
Christensen Mineral Connection (eBay), **Cristal Rainbow Rock Shop**, y a las
asombrosas modelos **Jenabah** y **Ella**.

A mi amada **tierra del oro, California**, y todos los regalos, serendipias y personas
que han hecho posible que me hiciera un hogar aquí y descubriera las intensas
energías cristalinas de este lugar.

A todos los **exploradores** y descubridores de cristales que me han precedido
y han compartido su sabiduría.

A todos los que han apoyado, compartido y amado el libro *Cristales*: ¡ha sido emocionante
y edificante ver cómo este encontraba a las personas y su resonancia recorría el planeta!

A mi equipo de apoyo espiritual durante la gestación del presente libro,
en especial a **Justin**, **Allison**, **Kat**, **Amber**, **Latifah**, y **Norma**.

A todos mis **seres queridos**: ya sabéis quiénes sois. Sois mi verdadero oro,
y os quiero con todo el corazón.

A **TI** (sí, a ti, que estás leyendo estas palabras): gracias por estar aquí y por tu papel
al hacer crecer y repartir la magia por el mundo. Gracias por hacer magia de verdad.
Eres importantísimo. *¡Que tu magia no cese de fluir!*

ÍNDICE DE CRISTALES

aguamarina	46	magnesita	87
amatista de Brandberg	51	manganocalcita	88
amatista de Veracruz	140	moldavita	91
angelita	45	morganita	92
aventurina verde	49	ónice	94
azabache	74	ópalo blanco	98
calcopirita	100	ópalo verde / rosa / azul	97
cobre	54	oro	63
crisoprasa	52	peridoto	104
cuarzo de Hérkimer	68	perla	103
cuarzo de litio	82	piedra sol	127
cuarzo hematoide	66	plata	120
cuarzo lemuriano	80	prehnita	107
cuarzo rosa tibetano	71	rodocrosita	109
cuarzo sanador dorado	65	rubí + fucsita / cianita / zoisita	113
cuarzo turmalinado	134	rubí	110
diamante	57	serpentina	119
epidota	58	sodalita	122
escolecita	116	tanzanita	128
estilbita	125	topacio	130
galena	60	turmalina verde + rosa	133
iolita	72	unakita	137
kunzita	77	vanadinita	139
larimar	78	zafiro	115
lodolita	85		

La edición original de esta obra ha sido publicada en Gran Bretaña en 2020
por Quadrille, sello editorial de Hardie Grant Publishing, con el título

Crystallize: The Modern Guide To Crystal Healing

Traducción del inglés: Gemma Fors

Diagonal, 402 – 08037 Barcelona
www.cincotintas.com

Primera edición: noviembre de 2021

Impreso en China
Depósito legal: B 12232-2021
Código Thema: VXPC (Cristaloterapia / gemoterapia y cromoterapia)
ISBN 978-84-16407-95-8

MIX
Paper from
responsible sources
FSC™ C020056
FSC
www.fsc.org